APNÉE

DU MÊME AUTEUR

JUBILATIONS VERS LE CIEL, *Goncourt du premier roman.*
LES CIMETIÈRES SONT DES CHAMPS DE FLEURS.
ANISSA CORTO.
PODIUM.
PARTOUZ.
TRANSFUSION.
PANTHÉON.
APPRENTI-JUIF.
MORT ET VIE D'EDITH STEIN.
CINQUANTE ANS DANS LA PEAU DE MICHAEL JACKSON.
LA MEUTE.
NAISSANCE, *prix Renaudot.*
UNE SIMPLE LETTRE D'AMOUR.
TERREUR.
DEHORS.
ROMPRE.
ORLÉANS.
REIMS.
VERDUN.
PARIS.
HORS DE MOI.
VISA.

Films
GRAND ORAL.
PODIUM.
CINÉMAN.
RE-CALAIS.
KOREA.
70.

YANN MOIX

APNÉE

Une histoire subaquatique du XXe siècle

BERNARD GRASSET
PARIS

ISBN 978-2-246-82350-6

À MICHEL ONFRAY
je dédie ce roman
en témoignage d'amitié profonde

Y.M.

AVIS

Ce livre étant un roman, il doit se commencer à la première page et se finir à la dernière.

L'Auteur.

I.

Arrivée sur la plage

L'île a la forme d'un diamant et ses cieux
Sont frottés de gris. Le temps est capricieux ;
L'automne a commencé. Une phosphorescence
Fait briller le décor ; tout est déliquescence.
Le vent qui souffle ici s'appelle l'aquilon.
Un stratus diffus, enveloppant le sablon,
Bouche un peu l'horizon : la brume va descendre.
La nature se couvre doucement de cendre.
Doucement le fog habille Wight. Une faux
Est demandée pour couper ce brouillard. Il faut
Tenir solidement la main, que l'air efface,
De celle dont ce nuage voile la face :
Emmanuelle est son prénom.

Déjà midi ;
Nous n'avons rien bu, qu'un léger fond de sidi.
Avançant à tâtons, mais avançant ensemble
Vers la mer gris souris et le lointain qui tremble,
Nous goûtons le bonheur ; je pose mon genou
À terre. L'herbe est grasse et le sol est très mou ;
J'ai cueilli de ces fleurs qu'un bain de tartre alune,

Dont le limbe des feuilles a forme de lune,
Et le sépale arrondi love le pourtour.
Nous sommes tous les deux avec le monde autour.
Ici ont joué – mais qui donc se le rappelle ? –
The Who, Dylan, Hendrix ; l'époque était rebelle.
Six voiliers blancs nous font songer, en contrebas,
À des spectres adustes mués en compas ;
Une lumière oblique frappe le triangle
De ces grands suaires courbés – telle la mangle.
Nous avons dormi au port, à Portsmouth.

Époux
Et autres amoureux s'échangent des mots doux
Sur le bateau vapeur qui mène à Ryde. Immense,
Violette, l'eau, qui s'étale et recommence ;
Dans le froid fog immobile le pier attend :
Sa pierre est un tissu que l'atmosphère append.
L'air matinal et filandreux est une écharpe
Que découpe la flèche, aperçue de l'escarpe,
D'un ketch ocre jaune dont la coque reluit
Et qui semble glisser sur un immense ennui.
Nous décidons de faire des pas sur la plage,
Empruntant un chemin éloigné du bocage.
Aimant la terre acide et l'humus morfondu,
La fougère pousse sur ce sentier perdu ;
Ses pennes horizontales, dès la lisière,
S'appuient aux branches de pacaniers. La bruyère
Et le lichen poussent ici comme autrefois ;
Les mousses tendres et vertes sont quelquefois
Isolées. La tige jaunâtre et moribonde
D'un capillaire blanc qui rampe sur le monde

Est avachie. Un papillon au rouge franc
Tourne dans ce cosmos livide en manœuvrant.

La plage est là, absolument définitive.
Un octopus échoué, de taille excessive,
Se décompose et mêle – elle nous monte au nez –
L'odeur de la mort à celle du nouveau-né.
Le flot vert et lointain, qu'aucun remous n'étonne,
Contient des espadons au regard monotone.
Un bancal albatros sillonne le plafond
Qu'agglutinés en masses les cumulus font.
Il navigue dans les airs avec une sorte
De grand détachement ; l'atmosphère le porte.
Il rase la surface et part du postulat
Que tout ce qui surgit sous la forme d'éclat
Est une morue, un colin, ou bien la vitre
D'un chalutier qui rentre. Le ciel ? Couleur d'huître.
Nous nous dévêtissons – c'est un acte de Dieu.
Mon maillot de bain a l'air un peu guenilleux ;
Celui d'Emmanuelle est d'un rose pastèque.
Sur le sable, éventrée : une vieille basket
Dont la gueule vomit quelques algues. L'horreur
Est annoncée par le cadavre d'un nageur
Aux membres bouffis et bleus. Pas la moindre angoisse
Ne se lit dans ses yeux. La mer porte la poisse
À celui qui trop prétend en être l'ami ;
Son corps est boudiné comme le salami.

II.

Entrée dans la mer

Nous entrons dans la mer – c'est une assuétude
Pour moi que de nager. Emmanuelle élude
En un instant sa crainte du froid. Le flot luit ;
Nous brassons en apnée, et le bleu nous enduit.
Au milieu des reflux un chapeau sans sa tête,
Rempli de gibbules, semblable à une bête,
Obéit au courant. Un indice permet,
Cousu dans le revers, de savoir désormais
Qui le portait. Aucun doute ne nous taraude :
Nous identifions, tandis qu'un requin rôde,
Le melon de Chaplin tout cousu de velours
D'Ankara. Sa canne a crevé les deux yeux sourds
D'un muge à reflets d'or que l'existence ennuie ;
Sa moustache célèbre, que le sel essuie,
Dérive. Les nandus, qu'Emmanuelle aussi
Avait repérés, font un festin réussi,
Dévorant chaque poil que l'attribut comporte.
Superbes, les reliques que le flux transporte.
Le nœud papillon, qui à l'holacanthe sied,
Fut à Laurel ; un thon gobe un gros doigt de pied –
Celui de Hardy – puis rapidement s'éloigne ;

Cette seiche, qu'une main arrachée empoigne,
Se débat – c'est la main de Cendrars. Apparaît
Le seul œil de John Ford ; de Rimbaud, le jarret –
Goulûment enlacé par telle anguille brune
Et de ce violet qu'on trouve chez la prune.
Les champignons s'accolent au corps noir et blanc
D'un Al Jolson. Le plancton pénètre en tremblant
Dans ses gants transpercés : ainsi troue la licorne
Des mers, qui perfora au jusant le bicorne
Que Jean Cocteau avait posé sous un galet
Avant d'aller nager. Son muscle gringalet,
Son folklorique crawl, son anatomie frêle –
Que vint compléter une tempête de grêle –
En firent l'invité de ces abîmes-là.

III.

14-18

Voici une murène venant de Cuba :
Elle tient dans sa gueule, comme un chien la branche,
La tête de Péguy, qui roulait sous la Manche.
Son képi, que des congres fouillent, est par trois
Fois mordu par un gobie, léché par l'anchois,
Soulevé par la corne d'une aiguille bleue
Qu'agace un poisson-lézard à la longue queue.
Toute sa section forme un immense amas
De poupées mauves gonflées. Poulpes aux longs bras,
Bivalves transparents : tout cela s'agglutine
Aux lambeaux des soldats, dont souvent la poitrine
Est criblée des balles des Allemands. Voilà
Entouré de mérous, en tenue de gala,
Foch plein de bulles. Il inspecte la blessure
D'un Poilu de vingt ans que le sel défigure.
Baïonnettes et coraux se mêlent ici :
La rouille et l'orange font un dessin roussi ;
Les lames métalliques que le fond convoite,
Les canons enrayés que la houle déboîte,
Les crosses entaillées où l'algue veut fleurir,
Les musettes percées où la raie vient mourir

Forment une patrie dont la troupe macère,
Hissant un pavillon que le squale lacère.
La bataille de l'Ourcq est menée jusqu'au bout
Et les blonds champs de blé sont remplacés partout
Par le phyllospadix et la cymodocée ;
Une vareuse horizon, fort appréciée
Des coryphènes – qui s'y frottent et s'en vont –,
Dit, très délavée, la chute de Douaumont.
Parfois le corps bleuté d'un lieutenant remonte
À la surface. L'orbite des yeux affronte
Le feu du soleil. Il affiche un air joyeux :
Un serpent, que la mue vient de rendre soyeux,
Se pose sur sa bouche en une pantomime ;
Le mort paraît heureux, le sourire unanime.

Dessous, la guerre, muette et molle, a repris ;
Boursouflés, les hommes se battent à tout prix.
Le feu des tirs de batterie, dans la froidure
Liquide et limoneuse et profonde et obscure,
Ne s'entend jamais ; il donne l'impression
Qu'une boule d'eau va, sans déviation.
Le régiment de ligne, déambulatoire,
Ondule paresseux dans la lumière noire.
Le mouvement alenti d'une colonne a
Été fort perturbé par un anaconda ;
La tenue rouge et bleue – la panoplie guerrière –
Colore l'océan.

Soudain la cantinière,
Violacée, obèse, obtient avec succès
Qu'un grand siphonophore à la gueule d'abcès

Pénètre dans l'ombre de sa bouche entrouverte ;
Un sergent-chef surgit de la pénombre verte
Où s'entrechoquent les noyés : amateur d'art
Et de poésie, cet homme est un être à part ;
Sur sa plaque de matricule se découpe
Un nom moucheté de points roux. Tête d'un groupe
De jeunes gens présents dans cette flottaison –
Dont les havresacs se remplissent à foison
D'étoiles de mer, d'éponges –, cette figure
Est celle d'André Breton. Un petit pagure
Est venu se coller à son sourcil d'argent :
Sa coquille le met à l'abri – c'est urgent –
De turbots agressifs à la mâchoire leste
Dont le mince cerveau frappe par le modeste
Outillage leur permettant de s'acquitter
Des tâches du mouvement. Une quantité
D'idées compliquées, comme le concept de nombre,
Refuse de pénétrer dans le repli sombre
Où leur âme est tapie. Tout cela se traduit,
Sous ces impénétrables étendues où nuit
Et jour il fait nuit, par une absence bornée
De théories puissantes sur la destinée.
La raie blanche surtout, au faciès aplati,
Ne possède pas, selon l'espace imparti,
De quoi déployer une logique nouvelle :
Elle se contente, l'allure parallèle,
De se poser ainsi qu'un masque eczémateux
Sur le visage éberlué de Gödel. « 2
+ 2 » ne signifie rien du tout sous l'arbuste
Où pond l'oursin ; un crabe a lacéré le buste,
Enfoncé dans la vase, de Hilbert – ici,

Tout est, de tout, infiniment à la merci.
Les polypes luisants qu'observe Emmanuelle
Forment une colonie. La fine dentelle
Entre les dents de Freud, et qui tend vers le bleu,
Sont des méduses enrubannées. Au milieu
D'une cavité rose où s'entortille l'onde
Jaillissent des rayons qui dessinent un monde
Circulant dans l'oubli. Et Joffre va parmi
Les comatules bleues ; il a pour ennemi
Un crustacé bordeaux qui est nanti à l'aine
De pinces successives tronçonnant sans haine
Les nuques amollies.

*

Dansent dans ce fouillis,
Fraîchement sortis de l'œuf, des poux enfouis
Dans les cheveux blanchis, d'une longueur extrême,
Du lieutenant Fournier, de la 23e
Compagnie. Devant ses yeux tombe son sergent ;
Le tracé de sa chute est extrêmement lent :
Sous l'eau, la pesanteur n'est guère experte en chute ;
Tout nage et vogue, ici, de ce que l'on culbute.
L'infanterie progresse en d'insonores pas ;
D'oblongues sardines ont servi de repas.
Les fusils, sourds, pointent vers la coque poncée
D'une felouque dont l'antenne est haut dressée.
Un colonel d'artillerie, déambulant,
Porte une barbe d'algues au vert pétulant
Et formées de touffes que viennent revêtir

Des filaments enlacés ; leur vue peut ravir
Le plongeur. Mais, soudain, une énorme nageoire
Gifle sur son passage et cet homme et sa gloire ;
Du vieil officier, le sang ne fait qu'un tour :
Son sabre dégainé fait un aller-retour
Et transperce le gifleur : un grondin.

Défaites,
Les troupes ennemies, voyant les mitraillettes
Françaises, tentent de se confondre aux épis
Des éliselles, qui forment un long tapis.
Le jeune général qui maintenant commande
Se dresse devant nous ; une grosse limande
Frôle sa tunique où s'accrochent par ailleurs
Des bulots aux coques tachetées de rousseurs.
Son épaulette s'orne d'un beau coquillage
À forme turriculée. Le combat s'engage.
Une détonation, qui détone en vain –
Notre histoire se situe sous des eaux que vingt
Kilomètres séparent de l'air de septembre –,
Crée soudain un remous qui nous peut en deux fendre.
Un obus vrille la masse d'eau qui le fait
Ralentir encore ; cela nous fait l'effet,
À Emmanuelle et à moi, d'une bonbonne
De flammes mouillées, freinée, fatiguée, aphone.
Des grappes d'hommes zigzaguent dans les débris ;
Le sang des corps touchés produit un coloris :
Un ruban rose effiloché, tentaculaire,
Sort des bouches béantes comme un phylactère.
Des jambes mutilées passent devant nous. Là,
Un merlan bleu prognathe à l'aspect d'impala

S'amuse avec un nez. Sa nageoire dorsale
Gauche a été déchiquetée par la rafale.
Un sous-lieutenant vient d'être décapité
Par le boulet roulant dans le fond dévasté.
Un caporal roux tente de prendre la fuite,
Qu'un requin fuselé croquera par la suite.
Un autre obus, fraîchement tiré par l'ancien
Directeur de l'école d'un village où rien
Ne s'est jamais véritablement passé, châtre
Un grenadier-voltigeur à la peau d'albâtre.
La guerre est silencieuse en ce monde aqueux ;
Hotus et combattants ont les yeux globuleux.
Des gorgones pondent. Leur rouge d'hématie,
Leurs flasques tentacules, leur molle inertie
Accueillent tous ces morts qui semblent alunir,
Tandis qu'ils s'écroulent avant de s'engloutir.
Deux brancardiers, dont l'un a le visage blême,
Surviennent. Ils fouillent ces fonds marins et, même
S'ils sont épuisés, arpentent le littoral,
Désirant prélever de ce sol abyssal
Ceux qui bougent encore et ceux dont les secousses
Viennent s'interrompre ici. Parfois, l'eau des sources
Chaudes jaillissant d'une roche, ou bien d'un puits,
Ranime un disparu au faciès de croquis.
Dans un fouillis de cadavres que le sel ronge,
On reconnaît, à ses mamelons, une éponge –
Sa muqueuse orange est à différencier
De celle de l'axinelle. Un ambulancier
Allemand vient de perdre dans la fusillade
Le seul ami qu'il s'était fait dans sa brigade.
Une mitraillette légère, à l'autre bord,

Crépite d'un crépitement que, tout d'abord,
Nous prîmes pour une éruption.

La mauvaise
Position du reliquat d'armée française,
Coincé dans un rocher à l'aspect chatoyant,
A été fatale. Les tués, ondoyant,
Se suivent, espacés, comme tenus en laisse,
Puis, ils se mélangent ; c'est une bouillabaisse.
Une fusée éclairante tourne en montant
Dans le ciel épais des tréfonds. En un instant,
Elle évacue les ombres ; un soleil rayonne
Sur cet univers très noir, très vert, où personne
N'épargne personne. Les massifs, comme en feu,
Donnent l'impression d'être couverts d'un peu
D'or. La fusée, une fois vidée de l'espèce
De volcan qu'elle portait, imite la pièce
De monnaie qu'on a fait tomber dans l'eau, et a
L'air de briller d'un infime éclat, quand déjà
Le bateau s'éloigne de l'endroit où la scène
S'est déroulée.

*

Dans une galerie, obscène
Et veinulée, s'abrite, tout près d'un radeau
Vermoulu, une vipère aux airs de cordeau
Qui se faufile là où l'agonisant rampe.
Un jeune mort se fige en sa dernière crampe :
Des éclats de shrapnel ont dévoré sa chair ;

Un fin rai de lumière orne d'un poinçon clair
Le fusil-baïonnette auquel son front s'appuie ;
S'abat un projectile : une gerbe de pluie
Métallique déchire, ainsi qu'un coutelas,
Le ventre du défunt, allant de haut en bas.
Un long morceau de fer se plante et désorbite
L'œil d'un cuistot qui ne le vit pas tout de suite.
Des poissons transparents longent le corps bleui
D'un adjudant-chef que le visage enfoui
Sous des sous-couches calcaires métamorphose
En guillotiné. Un koï rosâtre et bleu pose
Quelques œufs sur le visage blanc et abstrait
D'une horrible dépouille anonyme en retrait.
Au sommet d'une voûte un animal remue :
C'est ce grand requin blanc croquant la tête nue
Du fusilier qu'une balle vient de faucher
Sous nos yeux – il fut dans la vie garçon boucher
Avant qu'un sourd écho n'éclate sa cervelle ;
Il laisse à la surface, sans une nouvelle,
Sa jeune fiancée fécondée dans le bois
Jouxtant leur lieu-dit. Elle jouera du hautbois
Pour ses funérailles, à lui qui sous l'épaisse
Masse d'océan témoigne que notre espèce
Est mortifère. Lui dans l'eau, elle dans l'air,
Devant la tombe vide elle jouera un air.
Une tortue luth érafle le peu d'espace
Vierge de barbe sur la joue du mort, et passe
Près de la jambe rouge de son pantalon.
Les courants s'avèrent plus ou moins froids, selon
Les endroits.

Un pilonnage se fait entendre ;
Des fantassins de Köln sont couchés, à attendre
Que cesse le feu cassant les coraux. Ôté
De sa tête d'origine, un casque, à côté
Duquel se trouve un bidon troué, vient distraire
Un singe d'eau, qui l'essaie devant un confrère.
Cet éclair, qui flamboie dans ce grand fossé bleu,
Dégomme des sapeurs qui avaient cru en Dieu ;
L'un d'eux a la bouche ouverte – on dirait qu'il bâille.
Des nuées rouges longent son cou. Une paille
Dorée touche son ceinturon, près de sa main :
Un rayon du soleil a trouvé ce gamin.
Des douilles oubliées, trois bêches, une pioche
Jonchent le fond. Les lèvres gonflées de la loche,
Dans les volutes de sang, cherchent un repas.
Accroupi dans un trou prisé par les gambas,
Un zouave écharpé arbore une guirlande
Formée de ses viscères, d'un peu de sa viande ;
Un banc d'algues calcaires sert de paravent
À son front en sommeil, mais le sable mouvant
Avale l'Africain : son visage anthracite
Disparaît doucement et son béret lévite,
Pris dans un tourbillon ; une gerbe de fleurs,
Arrachée par un nouveau tir des artilleurs
De Guillaume II, danse sur son corps ardoise,
Que la mer digère. Une troupe bavaroise,
Le casque enfoncé sur le front, croise un affreux
Calmar, dont le corps flasque est découpé en deux
Parts strictement égales. La section marche,
Décimée, exsangue, et atteint une grande arche ;
L'épave d'un navire aux étais apparents –

Les rythmes de sa voile sont incohérents –
Est ornée de bigorneaux agrippés au cuivre
Dont sa coque, au tiers, est pourvue.

Nous pouvons suivre,
Emmanuelle et moi, les très nombreux revers
D'une patrouille du Reich passant à travers
Les canonnades des Français. Quand la première
Rangée de belligérants tombe, une infirmière
Arrive en autochir – conduire ici est dur :
Il faut prendre grand soin de ne pas rouler sur
Les tapis d'oursins. Une guitare électrique
Dépasse d'un antre ; son éclat métallique
Gêne la conductrice qui n'y voit plus rien,
Dégommant les siens comme les quilles un chien.
L'instrument assassin – nul n'est besoin d'enquête –
Appartint à un jeune noyé dont la tête
Était couronnée d'une frange d'or : voici
La Telecaster de Brian Jones. Ici,
Elle se mêle aux gouramis. Une main droite
Arrachée par une grenade, maladroite,
Est posée sur le manche ; étant des amateurs
De musique – sans être hélas compositeurs –,
Nous remarquons quelque chose d'unique au monde :
Le moignon gît dans la position féconde
D'un accord de ré mineur, mais que nul n'entend :
Les doigts qui se crispent, et que la corde attend,
Sont gelés dans la mort comme ces grands lacs russes
Où les alezans cavalent en hiver. Puces
D'eau, krills, ainsi qu'un petit batracien

Font sur la Fender un mouvement brownien.
Un groupe sans chef longe un récif et regarde
Une chauliode têtue gober, d'un garde
Touché en plein front, l'œil morne.

*

Sans prévenir,
Une explosion retentit ; le souvenir
Des jours heureux, des printemps fleuris fusionne
Avec l'assurance d'être tué. Bouillonne,
Sous les eaux noires et secouées, un paquet
De gaz moutarde qui empoisonne un bosquet ;
Six cécrops, bigleux, un poisson asiatique,
Et deux grandgousiers fuient de façon frénétique.
Un Boche à taille de nain, rondouillard et gras,
Grelottant de peur et de froid, tient dans ses bras
Sa mitrailleuse Hotchkiss enrayée. Il pleure.
Sa figure est maculée de sang. Tout à l'heure,
Il va mourir : il le sent. Le moindre recoin
De son être est dévasté ; mais il a pris soin
De ceindre autour de sa physionomie laide
Tout un arsenal censé lui venir en aide :
Assortiment de pistolets, couteau pointu,
Cartouches, une lampe de poche. Vêtu
De dix ceinturons croisés enserrant sa gorge,
Et d'un médaillon à la diaprure d'orge,
Ses poches sont fourrées de grenades à main.
Soudain un fugu, à dominante carmin,
Le fait sursauter ; c'est alors, surprise oblige,

Que la goupille d'une grenade voltige.
La détonation s'étend jusqu'à l'abord
Des côtes anglaises.

Tout à coup, d'un sabord,
Surgit un canon prenant aussitôt pour cible
Un cavalier qui tombe et devient illisible
Sous les poudreux amas de sable. Puis un pieu
Le soulève des tréfonds : plantée au milieu
De son torse, la corne d'un narval dépasse
De l'autre côté, dans le dos. À marée basse,
Des enfants trouveront, embroché mais à l'air,
Ce vaillant guerrier dont le regard fut de fer,
Qu'ils traîneront sur la plage avec une corde
Avant que de s'amuser à extraire, en horde,
Le pieu du cétacé du corps irradié
De douleur. Sous l'eau, un notaire de Saint-Dié,
Commandant des biffins, attend qu'on administre –
Par un peloton d'exécution sinistre –
À l'un de ses soldats, déserteur, trublion,
Trente balles dans la peau pour rébellion.
Au sommet d'une voûte où se tortille un brave
En uniforme kaki – sa blessure est grave –,
Une rascasse rouge, en plein accouplement,
Nous regarde nager avec agacement.
Cet éclaireur, originaire du Vaucluse,
Entre dans un tunnel où l'eau, telle en l'écluse,
Change de niveau, et disparaît dans un puits.
Il est happé au fond et l'eau mange ses bruits.

Je trouve sur un rocher une longue-vue :
Un haut gradé passe ses troupes en revue.
Les raies slaloment à travers les tranchées. Clos,
Les yeux blancs du major ne voient pas les caillots
D'hémoglobine qui tournoient dans cet espace
Balayé par le requin qui passe et repasse.
Les bombardements se poursuivent jusqu'à trois
Heures après midi. Dans les boyaux étroits,
Le Poilu, dont l'épiderme épais s'effiloche,
Se griffe et se cogne et se coupe à chaque roche.
Deux sergents du génie essayent d'empêcher
Une charge d'uhlans qui viennent d'enfourcher
Leurs chevaux écumants.

*

Sous une glaise épaisse,
Lourde de sédiments, j'entrevois une espèce
D'éclatante blancheur faisant comme un lavis.
Je fais signe à Emmanuelle, en vis-à-vis
Avec moi, que je descends ; son large sourire
Signifie qu'elle m'accompagne – il va sans dire
Que c'est risqué. Nous expulsons un peu de l'air
Contenu dans nos poumons et, en un éclair,
Parvenons près du faisceau lumineux, qui bouge ;
Là, debout, plantée dans le sol, telle une vouge,
Une statue de marbre éclaboussée de vert,
Et la face tournée vers un grand ciel ouvert.
Il s'agit de Marie qui, prise dans la houle,
Serre contre son sein une petite boule :

C'est le Messie enfant s'abritant dans ses plis
Avant que ses miracles ne soient accomplis.
Des pigments orangés recouvrent la Madone,
Dont l'aile du nez est brisée. Cela lui donne
Un aspect de musée. Le ressac, importun,
Salit la face pure et divine qu'aucun
Des adversaires ne devine. Le Baptiste
Jean est quant à lui peint par un immense artiste
De la Renaissance, sur un tableau. Le col
D'un lieutenant-colonel imprégné d'alcool
Indique quel est son corps d'origine ; l'homme
A la lèvre collée à la Vierge. Sa pomme
D'Adam est si impressionnante qu'on la
Prendrait volontiers pour – si toutefois cela
A quelque sens – une balle de tennis. D'elle-
Même, Emmanuelle, qu'éclaire la chandelle
Du mannequin virginal, arrache au sol noir
Un crucifix vaseux mais qu'elle laisse choir
Car un missile siffle, là, à notre droite.
Heureusement que ma Chinoise est fort adroite :
Elle évite le pire aussitôt, en trouvant
Une grotte encaissée qui fait un paravent
Au tir soudain. Quant à moi, le souffle m'effleure ;
Je ne suis qu'éraflé : ce n'était donc pas l'heure.
Je rejoins ma bien-aimée dans l'antre entrouvert
Qui a sauvé sa vie.

Le crâne grand ouvert,
Une obèse momie dort sous une avalanche
De lucioles. Son allure oblique penche
Du côté droit. Ce gros corps mort, mou, de guingois,

Moitié matou, moitié satrape indochinois,
Nous l'identifions – nous avons peu de doutes :
Guillaume Apollinaire est ce dos tout en voûtes.
Son visage lavé rit sous son casque rond
Où pénètre le ling et où le lambi pond.
Une laitue de mer dissimule sa tempe ;
Et son menton s'appuie sur une vieille lampe.
Quelques feuillets épars, dûment signés au bas,
Contiennent des poèmes que l'on ne peut pas,
Hélas, déchiffrer, effacés qu'ils sont par l'onde.
Un mot, de temps en temps, sur la surface blonde
Du parchemin mouillé, par contraste ressort,
Mais trop esseulé, sur son absurde support,
Pour qu'on parvienne à lui donner un sens. Tout contre
La poitrine du poète est plaquée sa montre ;
Elle indique telle heure où ceux qui meurent vont
Rejoindre une patrie plus éternelle, et font
Leurs adieux pleins de larmes au monde qui tremble.
Le regard de Guillaume a changé, il me semble ;
Son iris a pâli comme pâlit le jour.
Un mollusque rose se love tout autour
De cette gueule étrange, au teint sorti des glaces,
Qui s'avachit parmi les cods et les culasses.

Nous quittons les lieux, apercevant des vaisseaux
De la marine anglaise engouffrés sous les eaux ;
Plus loin, un motard, au volant de sa deux-roues,
Fuse à contre-courant ; il évite les proues
Saillantes des lesteurs échoués. L'étendard
Détrempé d'un régiment décimé au quart,
Et souillé par une boue verdâtre et putride,

Rappelle qu'un cadavre est toujours apatride.
Sous nous, quelques combattants encore debout
Évitent les corps trimballés un peu partout
Par le *slope*. Une dune de cailloux, immense
Ferraillerie de lebels enrayés, commence
À être recouverte totalement.

*

Peur,
Effroi, épouvante, répulsion, stupeur
Se lisent dans les yeux de manière effective.
Un groupe avance, en bleu – sa démarche est hâtive ;
Ses galons d'or flamboient et ses longs plumets font
Mine d'être de nouvelles plantes du fond
Marin. Des fils de fer, à la couleur de cuivre,
Gênent sa progression. Sa mission : suivre
Une patrouille allemande dont le méfait
Matinal a été de tuer, sous l'effet
De l'alcool, une enfant jouant à la marelle
Au milieu d'une nuée de poissons blancs. Elle
Est morte sur le coup. Son petit capuchon
Abrite une méduse et, à califourchon
Sur sa tête livide, trône une rainette
Des profondeurs. Quant à la main de la fillette,
Elle tient une poupée qui ne peut crier.
Soudain une pieuvre, par son jet d'encrier,
Enveloppe l'enfant d'une nuit qui s'étale.
Mais le groupe est freiné et l'ennemi détale.
Un annélide enroulé, aux tons artichaut,

Dort sur une boussole perdue dans l'assaut
D'une unité de chars visible à notre gauche
Et qui vient de se livrer à une débauche
De tirs. Des crabes bronzés, voilés par l'empois
De ces tréfonds boueux, escaladent les croix
De sépultures éparpillées. Filiforme,
Un agnathe se meut aux côtés de l'énorme
Mâchoire d'un placoderme gris-blanc. Beaucoup
De monde repose ici en paix.

Tout à coup,
Une tombe misérable, isolée, et nue,
Abritant sous sa tourbe une vie inconnue,
Semble remuer : un céphalopode, l'air
Serein, s'en extirpe. Le tissu de sa chair
Tend vers le rose dragée. Dans le cimetière
Improvisé, où fermente cette matière
Humaine morte pour la patrie, plus rien n'est
Mouvement que les gestes de la mer, qui naît
Et renaît infiniment. Ici, aucun hôte
Ne se bat plus, ni ne commet la moindre faute.
Les stèles sont ornées de coquillages. Vient
Parfois troubler ce néant le bruit qui provient
Des obusiers et des mortiers. Une comtoise
Couchée et vermoulue, d'origine viennoise,
Se peuple de cobras et de vers. On surprend,
Gravé sur le cadran, un ange. Il entreprend,
Accompagné d'un grand et majestueux cygne –
J'aime ce volatile et j'y vois là un signe –,
Son retour vers les cieux, où un monde futur
Attend tous ceux qui s'imaginent que l'azur

Abrite le Seigneur, son Fils, et où l'on montre –
Pour peu que Satan ne daigne pas voter contre –
Aux visiteurs Celui qui toujours vient avec :
Le Saint-Esprit.

Le firmament est plus au sec
Que les lieux de cette histoire que je rapporte :
Celle du siècle vingt, et qu'une lame emporte.
Des cyclostomes dorés forment des bouquets
Et parsèment d'éclats cent sabres et briquets
Affublés d'une inscription énigmatique ;
Le commandant abattu – un très grand gnostique –
Qui l'a fait graver sur ces portions de fer
Se décharne sur un amas de gravier clair.
Diffus, son faciès, de la pâleur de l'albâtre,
Flétrit sous le képi où les galons sont quatre.
Aux manches de l'habit, les mêmes grades sont
Disposés les uns dessus les autres et font
Un rectangle d'or. Les barres entrecoupées
Viennent d'un tissu arménien – des poupées
Furent, dit-on, confectionnées autrefois
Avec cette matière raffinée. Les doigts
De l'officier, mis dans un gant de feutrine,
Sont sectionnés par la pince rectiligne
D'une écrevisse dont le tronc noir-violet
Est protégé, comme Notre Dieu le voulait,
Par une cuticule introuvable chez l'homme,
Et se compose de trois parties – un peu comme
Une rédaction. Un sar vient se blottir
Contre les bottes lustrées en train de pâtir
Des salures extrêmes de la mer. La face

Du long macchabée, dont l'expression s'efface,
Ressemble peu à peu à celle d'un enfant ;
C'est une nuit sans fin que son sourire fend.
Soudain, au loin, un immense tonnerre gronde ;
Je prends la main d'Emmanuelle.

IV.

Slapstick

Une seconde
Plus tard, nous sommes propulsés la tête en bas
Par un torrent diluvien, horrible raz-
De-marée. Une terrible force nous pousse,
Puis nous subissons une infernale secousse.
Une spirale nous aspire et un troupeau
De luciphuges, dont les reflets de la peau
Scintillent dans l'obscurité orange et rouge,
Tourbillonne avec nous. Tout pivote et tout bouge
Dans tous les sens, tout pirouette, et des souliers
Gigantesques me fracassent le nez. Souliers
De clochard, souliers déguenillés, souliers drôles,
Qu'aussitôt je reconnais. Et sur mes épaules,
De beaux crinoïdes à forme de râteau
S'assemblent, tandis qu'un faramineux gâteau
Couvert de crème Chantilly – c'est la coutume
Du cinéma muet – et de fort gros volume
Percute mon amie, qui ne rit pas du tout.
Parmi le corail et les roches nues, partout,
Ça fuit, ça tombe, ça court, ça sort et ça entre ;
Un policier moustachu, à l'énorme ventre,

Poursuit un Charlot paraissant très ennuyé
Du ralentissement dû à l'eau. Appuyé
Contre une colonne aux mouchetures noirâtres
Pleure un joli minois aux canines blanchâtres ;
Lorsqu'il est effrayé, sa bouche fait un *o*.
Lily prie pour « Charlie ».

Un homme au piano
Au cigare trempé, improvise des pièces
Qui tentent de coller à toutes les espèces
De gags qui se déroulent sous ses yeux. Un mur
D'onyx jaune est escaladé par un clown sur
Lequel est vissé un chapeau mou. Sans nez rouge,
Sans jamais sourire, la façon dont il bouge
Le trahit instantanément ; l'élan qu'il prend,
Le salto qui s'ensuit, le nœud d'Ascot trop grand,
Le costume étriqué et le soin qu'il apporte
À son maquillage épais partant de l'aorte
Jusqu'au sommet du front, le peignant tout en blanc :
C'est bien Buster Keaton qui, céans, prête flanc
À de burlesques poursuites dans ce théâtre
Sous-marin à la coloration rougeâtre –
Le sang versé du siècle des camps, tout autour,
Teinte ces limbes et ceint les gens d'un contour
Amarante, bordeaux, brique, cerise, fesse
De babouin, écarlate, fraise, vin de messe,
Incarnadin, brique, pourpre, mauve, souvent
Framboise, magenta, rouge turc, ou savant,
Grenadine, incarnat, vermeil, rouge uniforme,
Rouge de mars, rouge carmin, rouge conforme,
Rouge cramoisi, rouge feu, rouge couleur

De soleil couchant, rouge ara, rouge à pâleur
De viande de thon, rouge rosé des mamelles,
Rubis, Rouge lustré du dos des coccinelles,
Rouge Andrinople, vif, rouge donnant l'effet
D'une pinède qui flambe, rouge qui fait
Aux lèvres des femmes une lumière vive,
Rouge comme l'âtre dont le souffle s'avive,
Rouge dans les tons froids, comme dans les tons chauds,
Rouge des spectres bas, comme des spectres hauts,
Rouge betterave, rouge de terre cuite,
Rouge de l'angine, rouge de Khmer en fuite,
Rouge de ce béret des chevaliers de l'air,
Rouge qui se ressemble ou qui n'en a pas l'air,
Rouge des grands timides chamarrant la joue,
Rouge des plaies béantes de Celui qu'on cloue,
Rouge des yeux mouillés au moment du départ,
Rouge comme la robe d'un petit pétard,
Rouge de la chaleur d'une flamme très grande,
Rouge de la honte de celui qui quémande,
Rouge de la paume quand on claque la main,
Rouge de la gifle reçue par un gamin,
Rouge du chaperon d'une petite fille,
Rouge que l'on obtient en broyant la myrtille,
Rouge de l'épiderme après le frottement,
Rouge de l'enfant mort après l'avortement,
Rouge du homard au fond de la casserole,
Rouge de la salade intitulée « scarole »,
Rouge aussi comme un cœur et rouge comme un groin,
Rouge comme un cigare que l'on fume au loin,
Rouge ainsi que la crête de certaine poule,
Rouge révolution quand gronde la foule,

Rouge incrusté de blanc de la chipolata,
Rouge du flanc percé pendant la corrida,
Rouge du drapeau des fautes impardonnables,
Rouge du vêtement des crus incontournables,
Rouge comme les sols quand ils sont argileux,
Rouge tel le soleil quand on ferme les yeux,
Rouge comme la nuit avant que d'être noire,
Rouge comme les feux, fin juin, pendant la foire.
Nous sommes étonnés par tout ce que la mer
Offre comme surprises au nageur. À l'air
Libre, le présent ; et sous l'eau, ce qu'on retrouve
Est : le siècle passé.

V.

Chez Sacha

Emmanuelle éprouve
L'envie de se reposer ; mais un bel étui
En étain, à l'éclat un peu évanoui,
Nous intrigue. La robe de chambre que traîne
Cet aiglefin ne m'est pas inconnue. Sereine,
Une bonite porte – qu'une agrafe tient –
Un toupet blond. Cette épinochette qui vient
Vers nous avale une bague qu'un brin de mousse
Recouvrait. Doucement, je déterre une gousse
Cachant un pendentif où, en train de brunir,
Est incrusté en médaillon le souvenir
Photographié d'un homme de grande taille.
Plus loin, une mule seule, imbibée d'eau, bâille ;
D'un interstice rocheux dépasse, tranchant,
Un coupe-papier que j'attrape en me penchant ;
Ce fixe-chaussette – d'origine écossaise –,
Ce chapeau de feutre – de marque new-yorkaise –,
Continuent de me faire espérer : quelque part,
Dans ces parages doit se trouver – la plupart
Des indices en attestent – celui qui passe
Pour le La Fontaine moderne et le surpasse

À mon avis. Je donnerais tant pour le voir !
Emmanuelle m'indique un grand gouffre noir :
Mon instinct me susurre qu'il faut que j'y plonge ;
Dans la gueule du trou l'obscurité s'allonge.
Une canne m'assomme que je ne vois pas –
Cet élément nouveau prouve que, tout en bas,
Il réside dans la boue olivâtre et brune
Des fonds abyssaux.

Emmanuelle sent une
Main lui caresser le nombril. Un cri affreux,
Bien qu'étouffé, se lit sur son visage, en creux.
Un faisceau lumineux qu'une ampoule de cuivre
Émet fait surgir un domestique : le suivre
Est ce à quoi il nous invite. Ses gants blancs,
Bien que moisis, sont tout ce que l'on voit. Des bancs
Un petit poisson fluorescent, où se porte
Le regard d'Emmanuelle – sciée –, apporte
Un brin de clarté au trou. C'est avec lenteur,
Malgré tout, que nous progressons. L'apesanteur
Est troublante quand on n'y voit goutte. Parole
D'homme : devant nous voilà qu'une fumerole
Sourd des parois. Le majordome lui seul sait
Si tout cela est bien normal. Un bar qui s'est
Perdu dans ce nuiteux orifice commence
À se demander, paniqué, si la clémence
Du hasard lui permettra, dans l'affolement,
De regagner la sortie. Fort aimablement,
L'employé de maison, s'éclairant, nous pilote ;
À son gilet gris un trousseau de clefs ballotte.
Des animalcules vibrent du haut en bas

De cette anfractuosité où n'entre pas
Un seul photon. Devant moi, ébréché, un verre
De vieux whisky. Un siphon d'eau de Seltz, par terre,
Bleu cobalt – avec grillage en laiton – parfois
Laisse échapper des bulles gazeuses. La voix
D'une sirène se déploie vers notre droite :
Son chant nous envoûte. Je croise un ouvre-boîte
Incrusté de macules, tandis que Firmin –
Tel semble être son nom, car sur un essuie-main
Noué à sa nuque, sauf s'il y a maldonne,
Est brodé un *f* majuscule –, à l'acétone,
Nettoie une des clefs dudit trousseau.

Je vois
Une porte rouillée, s'ouvrant, grinçant sans voix :
Elle est taillée dans un immense coquillage
Et débouche sur un très vaste rocaillage.
Au sol, des lots de lettres d'amour – à côté
Desquelles est couché un portrait picoté
De Voltaire ; une montre Chaumet, qui retarde ;
Une huile sur lin de Trévédy, qui garde
Un peu la trace des tons qu'elle avait au jour ;
Un fusain de Daumier, avec son cadre autour ;
Un Renoir – femme couchée montrant une épaule ;
Un livre d'Alphonse Allais au titre très drôle ;
Un bouddha assis tenant rosaire et palmier
Dans ses poings ; six sceaux de lions, dont le premier
Est en stéatite ; un cendrier où le sandre
Est venu se lover ; un mégot dont la cendre
Est depuis longtemps mouillée ; un chéquier avec
Le sigle du Crédit Lyonnais dont l'*y*

Se devine encore ; un nu – avec gros derrière –
De Giovanni Boldini ; de La Bruyère,
Quelques manuscrits que j'aimerais retrancher
De ces trésors qui ne cessent de déclencher
L'envie de rencontrer, parmi la pourriture,
Celui qui les possède, et dont la signature
Apparaît au bas d'un croquis hélas atteint
Par les ravages du sel ; un briquet éteint,
Monté en or jaune, et que décore une grappe
De raisins ; un mot de Jarry où le satrape
Ubu est évoqué ; une pomme, un bouquet
Peints par Marie Laurencin ; un petit paquet
De tabac ; l'encrier Keller, taillé, qui roule
Sous un fucus vésiculeux et d'où s'écoule
Un liquide indigo ; un chauffe-plat qui vaut
Beaucoup d'argent ; un magnifique *in-octavo*
D'une nouvelle de J. Renard où crépite
Le style de l'auteur ; un poème où palpite
Un grand cœur amoureux ; un plâtre dont le bas
A été amputé ; puis – je ne rêve pas –,
Le moulage de sa main – un murex le monte –,
Qui m'avait échappé – à ma très grande honte –
Lors d'une après-midi chez Drouot où la part
De ce que je pouvais m'offrir, dès le départ,
Fut réduite à portion congrue. Une tendre
Amie, qui m'avait accompagné, à m'entendre
Me plaindre à la sortie, m'offrit tous les soleils
De son intimité ; oncques ne vis pareils
Assauts de l'autre biologie : « Mais vous êtes
Une véritable furie ! Ce que vous faites
Avec votre langue, vos dents et votre main

Est proprement inouï. J'ai, sur le chemin,
Beaucoup appris – bien que, de la dernière pluie,
Je ne sois pas né. Si cela ne vous ennuie
Pas, j'aimerais beaucoup que, de ces moments-là,
Nous prenions belle habitude ! » lançai-je à la
Jeune personne en question. Quelques chenilles
De taille monstrueuse – parmi des guenilles
D'anémones arrachées par le piolet
D'un jardinier au teint mauve, un peu violet –
Cherchent à manger. Dans un coin glauque où ne bouge –
Rousse, ou orange, disons, ou plutôt non : rouge –
Qu'une silhouette qu'on devine à travers
Un rideau d'élodées, des quartz aux reflets verts
Scintillent, trouent la nuit d'une mince lumière.

*

C'est Emmanuelle qui, passant la première,
Se trouve nez à nez avec l'homme en peignoir.
Celui-ci est en train de chercher son rasoir.
Immense est sa barbe ; avec ses doigts, il l'écarte.
Des têtards s'enfuient. Un buste de Bonaparte,
Que des tentacules embrassent dans la poix
De ce grand cratère – dont nous foulons, pantois,
Enfin le parterre –, s'enlise. Il est à plaindre.
Il ne reste plus à ces poulpes qu'à étreindre
Un morceau de son bicorne, dont les bouts sont
Ébréchés. Des dulcicoles sur son front font
De petites danses sans que le moindre thème
Musical les accompagne. Le trait très blême,

Le crâne dégarni, l'œil triste, un peu bigleux,
Il ne nous paraît pas surpris. Dans son sableux
Royaume et ses eaux obscures, morne, il n'espère
Plus rien ni ne craint qui que ce soit, la colère,
La joie, l'amour, la haine, l'ennui n'éveillant
Plus chez lui de réaction. M'agenouillant
À ses pieds, je sais que je me ridiculise –
Emmanuelle sent très bien que je m'enlise –,
Une esturgeonne finit de pondre et s'enfuit ;
Elle abandonne ses œufs, qu'une bave enduit.
C'est donc ici, en cette brèche, qu'il habite,
Entouré de lançons ; c'est ici, en ce gîte,
Encerclé de capelans, dans son pyjama
Rayé en soie, qu'il passe, loin du brouhaha,
Toute son éternité, dans un froid de glace.
De sa poche gauche une nageoire dépasse :
Un chinchard gras et gris s'y était tapi, dont
Les écailles, très identifiables, sont
Hautes et carénées. Ses deux nageoires, blanches,
Possèdent malgré tout des ramures, des branches
Qui forment une tache. Des collections
De larves couleur parme en pullulations
Décorent la crypte. Le nez dans une touffe
De liagores, un clown blanc, en plâtre, étouffe ;
Les algues champignons, d'un vert foncé qui mord
Vers la réglisse, poussent ici sans effort ;
Au sommet de leur tige : un petit parapluie,
Qui leur donne leur nom. Cette ombrelle s'appuie
Sur l'ombrelle qui suit. Cela donne un effet
De spectres sous de la pluie. Notre hôte fait
Un geste lent qui tout d'abord nous déconcerte ;

C'est l'heure où sa fosse sinistrement déserte
Se peuple et se remplit ; c'est comme un entonnoir,
Soudain, tant se pressent les créatures. Soir
Après soir, à cet instant, dans sa résidence
Abîmée, avec la fameuse nonchalance
Et le sourire en coin qu'on lui connaît, Sacha
Guitry nourrit les poissons en lâchant des : « Ha ! »
Emmanuelle est aux anges, pour qui la cause
Animale est une priorité. On cause
Souvent, elle et moi, à Paris, du sort si dur
Que le monde réserve aux bêtes. Le futur
Nous montrera que nombre d'espèces éteintes
L'auront été du seul fait de l'homme. Les feintes
Qu'ont imaginées les écologistes n'y
Changeront rien.

Heureusement, M. Guitry,
Malgré le triste constat de notre impuissance,
Se souciait, en son logis, avec constance,
Du sort et de l'appétit et aussi – un peu –
De la santé de tous ces compagnons de jeu.
Aucune sélection entre les espèces ;
Il donnait à manger comme on lance des pièces.
Un signe d'Emmanuelle : il serait bon qu'on
Lui fiche la paix. Je subtilise un flacon
D'eau de Guerlain dans la collection du maître ;
Nous lui disons adieu.

VI.

Hiroshima

Je peine à me remettre
De cette rencontre. Un sprat aux reflets changeants
Semble emprunter le chemin de la sortie. J'en
Suis les circonvolutions afin d'atteindre
Des zones plus éclairées. Comment donc s'astreindre
À passer son temps d'eau dans l'ombre quand le peu
D'années vécues à l'air, sur notre caillou bleu,
Furent confiées à la lumière ? Je conseille
À Emmanuelle de casser la bouteille
Qu'elle vient d'attraper. Le secret d'un trésor
Y sommeille peut-être : on peut trouver de l'or
Quand on est en plongée.

Une saccade brève
Nous interrompt ; un champignon géant s'élève
Sous nos pieds. Des tourbillons turbulents et puis
Un très gros nuage, un anneau, creusant un puits ;
Une colonne forme une énorme chandelle
Qui nous aveugle ; des débris dansent près d'elle.
La température augmente brusquement. Moi,
Je ne comprends pas instantanément de quoi

Il s'agit ; Emmanuelle, paniquée, m'aide,
Mimant de ses lèvres une réponse laide ;
L'explosion qui devant nous déploie son grand
Masque d'amanite et qui, en grondant, surprend
Notre couple, est née d'une fission. J'approche
Mes mains des yeux d'Emmanuelle : toute proche,
Une torche luminescente. On ne peut pas
La regarder en face : comme le compas,
Elle nous transpercerait l'iris. Tout s'allume,
Tout flamboie, tout brille, tout s'ouvre, tout s'exhume
Sous l'océan. Tout ce qui était noir est blanc.
Emmanuelle, transie, me tient par le flanc.
À trois mille pieds l'irradiante lumière
Enveloppe de son halo, et tout entière,
La haute mer.

Le paysage est blanc, blafard ;
Recroquevillé, à la façon d'un cafard,
Un homme aux yeux bridés tombé dans une combe
Constate que sa peau, tel un lambeau immonde,
Se décolle. En proie à une démangeaison,
Il se tortille alors que sortent, à foison,
Des bancs d'irradiés de toute la pénombre.
Les lésions se multiplient en très grand nombre
Sur les épidermes que brûle le sel. C'est
Une panique molle, car sous l'eau l'on sait
Que tout est lent, lourd, ankylosé et inerte.
Ce jeune Japonais a la tête couverte
D'œdèmes – il trépassera d'une tumeur.
Peu à peu se propage l'horrible rumeur
D'une autre bombe dont on craint qu'elle n'éclate

Au strict même endroit. Des mulles rouge écarlate
S'effritent en mil morceaux ; des femmes avec
Leurs enfants se tordent, grimaçant.

*

D'un coup sec,
Emmanuelle m'avertit qu'une fusée,
Dont la tête d'ogive – vue dans le musée
D'Hiroshima – pourfend le flot sur son parcours,
Trace dans notre direction. Un concours
De circonstances fait, qu'à l'abri d'une voûte
Où nous nous engouffrons, se trouve sous la croûte
D'une calotte un tableau noir, scindé en deux
Moitiés, où est gravé : « $E = mc^2$ » ;
Un vieillard somnole, dont on voit la crinière
Que broutent des escargots comme en la clairière
Normande le veau dont on fait le rôti. Doit-
On considérer que le dormeur – sur un doigt,
L'index de sa main gauche : de l'encre que lèche
L'eau – est responsable d'avoir conçu la mèche
Qui mit le feu aux poudres ? Ses épais cheveux
Emmêlés ont la blancheur de la craie. Je veux
Le réveiller, mais son sommeil est lourd. Sa joue
Porte des marques de ventouses. Une moue
Enfantine éclaire son grand front. L'appétit
D'un bothus est avivé par un tout petit
Vermisseau qui gesticule dans la compote
Que forme, dans sa pipe qu'un poulpe tripote,
Le tabac mouillé. Einstein dort en souriant.

Telle carangue au fuseau pointu et brillant
Fond sur telle palourde.

Un aveugle a le derme
Brûlé par les radiations ; il enferme
Dans ses yeux sans regard, le teint cadavéreux,
Tout ce que le néant promet aux cancéreux.
Il pleure avec son fils, qu'une plaie grande ouverte
Au niveau du thorax déchire en deux. Offerte,
Sa poitrine est sondée, fouillée comme il convient
Par la pince du crabe dont le va-et-vient
Est méticuleux et têtu. Ce qu'il convoite,
Ce sont les parties charnues ; lorsqu'il se déboîte,
C'est pour sectionner, juste au-dessous des bras,
Les muscles et les nerfs qui lui semblent plus gras.
Son mode opératoire est sans cesse le même :
Il serre, coupe et lacère avec une extrême
Rigueur. Il sait ce qu'il faut faire et n'a besoin
D'aucune assistance. Il apporte un très grand soin
Aux façons dont il prélève dans la chair nue
Ce qui l'intéresse. Cette espèce est connue
Pour dévorer toutes les entrailles par où
Elle peut s'insinuer. Puis, on voit le cou
De l'enfant dévoré, de l'enfant qu'on déchire,
Se couvrir de sangsues. Le jeune corps attire
Tout ce qui tète, suce. S'agglutinent deux
Vers marins. Les larves d'apodes, tout près d'eux,
Investissent les déchirures ; un rum frôle
Les plaies de l'enfançon. Sur un morceau de tôle,
Une grand-mère meurt.

Si je recommençais
Ma vie, probablement que je la passerais
Dans une vieille maison du bord de la côte ;
Chaque jour je viendrais – que la marée soit haute
Ou bien qu'elle soit basse – m'occuper, je crois,
De ceux qui agonisent sous les flots à trois
Mille mètres de profondeur. Une raie monte
Vers Emmanuelle et moi. Son dessus, bis, compte
Des nuées de taches semblables aux boulons ;
Le museau est court, les ailes rondes.

VII.

Ernst Jünger entre en action

« Allons-
Nous-en ! » pense Emmanuelle, que préoccupe
La rangée de terribles piquants qui occupe
Derrière, un bon morceau de la queue et, devant,
Des rebords de cette étrange crêpe vivant
Au fin fond des grands fonds. La bête plate mâche
Des bulles bleues. Non loin, un baliste relâche
La trompette de Miles Davis qui est bien
Trop lourde pour lui. Un long faisceau cristallin
De silures fend le corail couleur de fraise ;
La clarté produite donne un éclat de braise
Aux opaques paquets d'ombre et à l'insistant
Goudron. Le scombre japonais, qui à l'instant
Se profile, semble fait d'azur tant il darde
De rayons bleu givré ; sa tête, un peu hagarde,
Est oblongue et striée de petits bâtons. Nous
Apercevons six aodons. Sur le genou
D'Emmanuelle se cramponnent seize pattes :
Deux araignées de mer qui jouent les acrobates –
Il leur reste encore cuisse et buste à gravir
Avant d'atteindre le sommet, puis de ravir

Un baiser des abysses de leur bouche horrible
À celle qui partage ma plongée terrible.
La lophie vespertilion ne nous voit pas ;
Sa hure est très pointue, sa bouche est tout en bas,
Reculée et, au-devant de cette ouverture,
Se situent les narines ; une pâte dure
Constitue l'appendice. Son teint de pierrot
Lunaire effraie.

Au lycée Denis Diderot,
Dans notre salle de sciences où, si sombres,
Les années s'accumulaient et où, des décombres,
J'arrache ce souvenir recouvert de poix,
Il y avait – outre tubes, pipettes, poids –
Des planches dessinées : toute une ribambelle
De poissons qu'on pêche toujours à La Rochelle,
À Brest, à Quimper, à Boulogne – sans léser
Bien sûr Portsmouth, d'où je vous adresse un baiser.
Un cycloptère lompe, sur ces entrefaites,
Arrive ; je ne sais, lecteur, si vous vous êtes
Déjà trouvé en sa présence quelque fois,
Mais le lompe est curieux ; du bout de son doigt,
Emmanuelle l'agace. Sa main l'entoure,
Caresse son abdomen ; l'animal savoure
Comme s'il s'agissait d'un gros chat. Il est bien,
Là, blotti contre ma Hongkongaise, et plus rien
Ne peut lui arriver. Hélas, une rascasse
Très belliqueuse effraie Emmanuelle et casse
L'harmonie qui s'était installée.

Tout au bout
D'un massif marronnasse un homme est là, debout,
Qui attend une voiture embourbée. S'échappe
Du véhicule un jet gazeux ; l'auto dérape
Et fait jaillir des boues sulfureuses. Plus haut,
Un rocher constellé tantôt d'oursins, tantôt
D'impacts de balles – où cycliquement l'éponge
Vient émettre ses ovules –, qui se prolonge
Par une corniche dont on ne perçoit pas
La fin, attend aussi, comme on guette un repas,
Qu'arrive la voiture. Un condamné pour haute
Trahison se trouve dedans ; on ne lui ôte
Pas ses menottes lorsqu'il en sort, très instruit
De la sanction. Un polyodon produit
Un tracé fait de boucles ; on dirait qu'il roule
Sur un grand toboggan fictif. Malgré la houle,
Deux gardiens de prison, aidés d'un prêtre à l'air
Hépatique, sortent d'un camion de mer
Le cercueil de celui qui, si loin de l'écume,
Dans ces sous-sols solitaires où l'on inhume
Le vieux vingtième siècle, va subir sous l'eau
La peine capitale.

*

Il arrive au niveau
De l'homme qui l'attendait ; tous deux sont de race
Aryenne. Maintenant les soldats se font face ;
Le premier, officier, est un auteur fort
Reconnu ; le second, celui qui est au bord

De la mort, et qui affiche un sourire vague,
Comme hébété, est simple appelé. Une vague
Déferle à la surface et déplace galets,
Cailloux, crustacés. Les fusils font des reflets.
Les fossoyeurs sont prêts. Tout le monde s'enfonce
Un peu dans le sable. Le condamné renonce
À ce qu'on lui bande les yeux ; dans ce bas-fond,
À cet endroit, Ernst Jünger, raide, maigre, blond,
Vêtu en commandant, portant une médaille,
Est chargé de surveiller, parmi la rocaille,
La marche de l'exécution. Devant lui,
Le futur mort, calme, se tient droit comme un i.
Son pantalon est d'une étoffe sans finesse ;
Sa chemise, en soie, dépasse et couvre sa fesse.
On dirait qu'un colorant noircit ses cheveux ;
Le prêtre est appelé – cela le rend nerveux.
Il accepte la croix qu'on lui passe derrière
La nuque et qui pend à son cou. Cette barrière
De corail qui se dresse devant lui, ce sol
Parsemé de coquilles qui brillent, le mol
Aspect des serpules que le pas effarouche,
L'haliclone orange que la lumière douche
Sont les derniers trésors que son regard surprend.
Un hippocampe danse ; puis, le prêtre prend
Entre ses mains longues et jaunes la figure
Du malheureux, dont graduellement l'allure
Se fait puérile, enfantine. « Nous mourrons
Tous un jour, et tous un jour, enfin, nous pourrons
Nous retrouver dans les bras de Dieu. Notre-Dame
T'attend, mon fils. Jésus recueillera ton âme »,
Semble lui dire, en le fixant, sans que cela

Ait besoin d'être formulé, traduit, dans la
Langue des sons. Ernst regarde sa montre suisse :
Il est l'heure. Un gros aiguillat frôle la cuisse
Du bientôt mort. Sous l'eau, les exécutions
Paraissent molles. Les décapitations
Diffèrent de celles faites en terre ferme :
Les têtes, une fois coupées jusqu'à leur terme,
Se dandinent comme des culbutos. Je suis
Saisi d'une immense angoisse. « Grand Dieu ! Ne suis
Pas cette scène ! » me dis-je. Pourtant je bute
Sur ma propre injonction. Voici que débute,
Riche de gestes, son sermon. Les gardiens, bien
Appliqués, attachent l'homme au rocher ; plus rien
Ne pourra empêcher qu'on effectue la tâche
De le fusiller.

Le prêtre serre, puis lâche,
Le bras du soldat. Un médecin, sans pitié,
Épingle à sa chemise, qui bâille à moitié,
Un morceau de carton rouge de taille à peine
Plus grande qu'une carte bleue. Une baleine,
Au loin, de deux cents pieds de long, tout doucement,
Revient de la surface, la couleur ciment.
Elle est blessée ; la façon dont elle serpente,
La trace de sang que dessine sa descente,
L'indiquent nettement. Son abdomen rugueux
Est piqué d'un harpon. Grave et respectueux
Du règlement, un lieutenant, l'allure fière,
Tandis que le condamné dit une prière,
Fait un signe aux soldats du peloton. Qui sait
Si le Seigneur, ou Poséidon – ici, c'est

La même chose –, le reconnaîtra. La force
De la foi aide le malheureux, qui s'efforce –
Les sceptiques ne me croiront sans doute pas,
Mais je suis prêt à parier un bon repas –
De ne pas paniquer. Le lieutenant lui donne
Une tape sur l'épaule ; enfin, il ordonne
À ses hommes de faire face à la paroi
Et de s'aligner ; là-bas, un nouveau convoi,
Menant un nouveau condamné.

Jünger regarde.
Le prêtre cache encore celui qu'hélas garde
La lumière noire de la mort. Puis, sans rien
Ajouter, le dévot se retire. Le Bien,
Le Mal : on ne discerne plus, en cette laide
Configuration, la présomptueuse aide
Qu'entend apporter la théologie. Adroits,
Les tireurs font feu, laissant cinq trous noirs étroits
Sur le carton, comme si de l'encre, à distance,
Avait été projetée. Le corps sans prestance
Du fusillé semble un pantin. Historiens !
Pratiquez donc la plongée ! Ici les liens
Avec les temps révolus sont ténus. La tête –
Le cheveu est cassant, le nez est en trompette –
Du mort se dodeline en quelques flottaisons ;
Ses bras s'agitent, mous, pris de démangeaisons.
Sa bouche, qui s'ouvre et se ferme, imperturbable,
Forme des voyelles et dit, indéchiffrable,
Un poème sur l'Éden, qui n'existe pas ;
Devant lui : la trace de ses ultimes pas.
1941 est répliquée, molle,

Parmi les aloses aux branchies en corolle,
Les mulets lippus, les tacauds qu'aucun marché,
Dans le monde aérobie, ne vend. J'ai marché
Des heures, en haut, à chercher des pêcheurs. Chères,
Leurs marchandises font pitié. Les écaillères
Pratiquent d'iniques tarifs, et toutes leurs
Huîtres sont rachitiques. Tandis qu'ici, fleurs,
Gastéropodes, barbues, flétans des tropiques
Parviennent à des proportions olympiques.
Les grisets, les lingues, les dragonnets, au fond,
Jouissent de belles dimensions et font
Dans les bassins océaniques une fresque
Qui inspire Paul Klee. La grimace grotesque
De l'hoplostète, du balaou, le damier
Sur l'une des faces du pocheteau – premier
Signe à quoi on le reconnaît –, la millénaire
Apparence de l'humantin, la débonnaire
Allure du targeur : le spectacle, depuis
Qu'il passe dans l'océan ses jours et ses nuits,
Éblouit celui qui ne cesse de repeindre
Sous les flots, en plus puissant encore – et sans craindre
Ici la critique imbécile, dont beaucoup
De ses tableaux souffrirent avant que, d'un coup,
Elle ne les porte aux nues –, une œuvre qui fasse
Honneur au génie humain et change la face
De l'univers.

VIII.

Débarquement

Nous continuons de nager ;
Là, un photographe tente de dégager
Ses pieds d'une mâchoire affamée ; les semelles
De ses brodequins sont découpées en lamelles.
Il parvient à s'arracher, d'un coup brusque et sûr,
À cet étau d'acier. Il fait un sujet sur
Le Débarquement, qui eut lieu jadis à terre,
Mais qui désormais se rejoue, héréditaire,
Sous la danse des vagues. Nul ne sait jamais
Dans quelle mer sa vie recommencera, mais
Ce qui est certain, c'est que l'existence, enfuie,
Ne monte dans les airs que sous forme de pluie,
Formant plus tard les eaux des océans. Au bras
Droit du reporter, en bandoulière : un fatras
D'objectifs. Pour ne pas troubler l'écosystème
De la scène qui se déroule, un stratagème
Consiste à se vêtir comme l'Américain
Qui vient sauver le monde des crocs d'outre-Rhin.
Coincé entre ses lèvres avec nonchalance :
Un mégot détrempé ; c'est non sans vigilance
Qu'il observe l'environnement. Ahuri

Par la situation, un sagre, aguerri
Pourtant à la violence des fonds, délaisse
Rapidement la zone.

Robert Capa baisse
La tête. Hélas, la balle allemande qui l'a
Griffé vient frapper, dessinant un sillon, la
Poitrine d'un Noir dont la face, grimaçante
Au moment de la pénétration puissante
De la pièce de métal dans sa chair – d'accès
D'autant plus facile qu'il tentait, sans succès,
De façon particulièrement maladroite,
Tantôt de la main gauche, tantôt de la droite,
D'attacher la lanière d'un casque qui tant
De fois avait chu –, arborait un air content.
Capa a réussi – ses photos sont licites –
À saisir l'instant des simagrées explicites
Du fraîchement tué. Tout le monde est maudit
Dans les guerres ; mais le photographe applaudit
In petto au destin qui lui dit : « Tu ne trouves
Pas que nous faisons du bon travail ? Tu approuves
Mes horreurs et moi tes clichés ; toi, mes exploits
Et moi, tes travaux. » Son appareil est, je crois,
Un Contax de 35 mm, mais comme
Il est susceptible de l'endommager, l'homme,
Prévoyant, s'est également doté – pourquoi
Pas ? – d'un Rolleiflex neuf que je trouve, ma foi,
Plutôt encombrant. Sa poche laisse apparaître
Une flasque d'alcool – du cognac ou peut-être
Du bourbon, du porto, du sherry, du mezcal.
Ses pellicules sont stockées – original –

Dans des préservatifs ; cette astuce présente
L'intérêt de les garder au sec. Apparente
Également : une lettre d'adieu qui veut
Informer sa famille de son décès. Peut-
On, même lorsqu'on est taillé dans ce calibre,
Ne pas penser à cela ?

Ici, l'équilibre
Entre la vie et la mort ne s'évalue pas
Avec les instruments usuels. Chaque pas
Est toujours possiblement le dernier ; je montre
À Emmanuelle, qui se presse tout contre
Moi, un bateau gris à forme de polissoir ;
On a ordonné aux hommes de s'y asseoir
En attendant l'assaut. Il est suivi, d'office,
Par dix autres, vingt, cent. Au-dessus d'eux l'hélice
D'un hélicoptère tourbillonne et produit
Des lames de fond. La vase transforme en nuit
Le lieu de ces opérations. J'ai envie
De boire cul sec un grand verre d'eau-de-vie.
Si l'incommensurable et divin Vishnou
S'était amusé, avec tous ses bras, genou
Posé sur le sable profond, en grand costume
Brodé de conques ainsi que la coutume
Le réclame, il n'aurait pas produit moins de noir :
Le peu de jour restant est devenu du soir.
Les soldats entassés se prennent par la taille
Aussitôt qu'ils pensent chavirer. La ferraille
Qu'ils portent les cisaille et les meurtrit.

*

Le jeu ?

Ne surtout pas mourir sans avoir fait un vœu.
Ils sont compressés ; on dirait qu'une ficelle
Les lie comme elle lie le poulet ; une belle
Armée de langoustes rampe ; l'aspe arubain –
Trogne d'avorton, de gnome, d'affreux bambin –
Qui les survole cherche à se sustenter. Pente
Après pente, il fouille le sol ; là, la charpente
D'un navire, coincée entre des pilotis,
L'attire ; il s'engouffre, glissant sur l'appentis,
Et disparaît. Des caisses, fabriquées de planches
Joliment découpées, portent trois lettres blanches :
TNT – l'inscription est en tout petit :
C'est étrange. Par ailleurs, ce qui ralentit
La progression de ces pirogues que pousse
La main d'Hadès sont toutes ces tonnes de mousse
Qui recouvrent les pauvres combattants au fur
Et à mesure que l'embarcation – sur
Laquelle beaucoup, touchés, expirent – grappille
Quelques mètres. Un duo de bazookas brille,
Des boîtes de roquettes…

Capa aperçoit

Des éclairs sourds et muets. Un rouquin reçoit
Une balle nazie qui vient trouver sa place
Au beau milieu de sa poitrine ; c'est, l'espace
D'un instant, toute sa vie, d'un trait, à l'envers,
Qu'il parcourt : tous les étés et tous les hivers,
Les jours de plein soleil, les nuits de pleine lune,

Les filles embrassées au recreux d'une dune,
Ces matins de l'enfance où le bonheur est pur,
Ces pleurs de l'adolescence où l'amour est dur ;
Il est mort sans accoster à la moindre côte.
Ses chefs clameront qu'il est mort la tête haute.
Comme des guêpes, les balles fusent. De gros
Pieux ont été plantés par les Allemands. Clos,
Les yeux d'un Hawaïen indiquent qu'il ébauche
Un mouvement vers le paradis. La débauche
De tirs qui suit est si intense et drue que la
Vie de chacun relève de la tombola.
Un Texan musclé, dont un isopode obstrue
La vue, sort son fusil, qui tombe, car se rue
Sur lui un grand requin mako dont la plupart
Des dents sont sorties – lui aussi attend sa part
De viande américaine. À l'aide d'une pelle,
L'homme frappe l'animal : un sang mirabelle
S'écoule de son flanc. De minuscules vers
De vase montent des fonds ; on lit « *for ever* »
Sur le casque du Texan – mais la phrase pleine,
Que le varech voile et qu'on devine à peine,
Commence par « *I love you* » ; il se pourrait bien
Que ce message, par le ton qui est le sien,
Constitue l'unique preuve, la seule trace
D'amour humain dans les parages. Notre race
Est davantage douée pour la nuit, l'échec,
Que pour le bonheur, l'été, le ciel bleu avec
Des jus de fruits frais, de longs crawls dans la mer Rouge,
Des couchers de soleil lorsque plus rien ne bouge
Dans les nuages orangés. Tout au sommet
D'un blanc monticule de coquilles se met

À canarder une mitrailleuse qui ôte
Plus de vies en une seconde qu'une haute
Secousse de Richter. Un soldat pleure, et puis
Meurt aussitôt.

Du regard, effrayé, je suis
Les silhouettes ennemies, que défigure
Un faisceau lumineux formant une hachure
Au cœur du chaos. Le choix est cornélien :
Ou bien périr immédiatement, ou bien
Périr tout à l'heure. Et aucune bonne fée
Ne se penche sur le moindre soldat ; bouffée
Par un grand sébaste au revêtement gris bleu,
Une crevette minuscule, dont bien peu
De ces vaillants garçons ont quelque chose à faire,
Fait elle aussi ses adieux à la vie. L'affaire
Devient délicate pour les Yankees ; le sort
Semble s'acharner sur eux. Dans un grand effort,
Les premiers débarquent de leurs chaloupes. Boue,
Sable, vase : ils s'enfoncent dans cette gadoue ;
Nombreux ceux qui trébuchent, le corps courbatu.
Un prognathe blond de Philly s'est revêtu
D'un collier d'algues qui le dissimule, pense-
T-il, aux artilleurs allemands. Sa récompense
Est d'avoir le buste découpé par l'envoi
D'une roquette là précisément où, coi,
Il tentait d'échapper à cette boucherie.
Un de ses compagnons, la main endolorie,
A du mal à charger son fusil dont reluit
Le canon. Au loin, un char amphibie, détruit,
Est attaqué par un ange. Le néophyte

Le prend pour une raie. À l'extrême limite
On peut le confondre avec le squale parfois,
D'autant que, comme lui, il pond en une fois
Une vingtaine d'œufs. Sa robe brune gâche
Un peu son maintien, car il s'agit d'un brun lâche
Sans relief, de celui qui sait décourager –
Pouvant même couper l'envie de voyager –
Le touriste qui découvre que cette chose,
Qu'on n'ose nommer « couleur », couvre à haute dose
Les murs de sa chambre d'hôtel. Un grand fatras
De corps décédés gesticulent ; jambes, bras,
Exécutent des mouvements sans queue ni tête ;
Ils se cognent, brinquebalés ; plus de tempête
De feu pour eux, qui baignent, sans aucun tracas
Désormais, dans les nappes de sang ton lilas,
D'essence et d'huile. Emmanuelle, de son pouce,
Me signifie que ça va, mais elle me pousse
À partir. Les obus se multiplient. John perd
Sa jambe gauche, Jesse son bras droit ; Albert
Est carbonisé. Sonny, sur le fond, dérape.
Il lève les yeux. Son regard, alors, attrape
Fugacement la course d'un saurel ; la main
Tendue, il tente de le toucher – l'examen
De la scène montre qu'il s'agit d'un thon rouge,
En réalité. Juste au-dessous de moi bouge
Un tronc humain. Il se balance. Vingt et un
Ans : l'âge de son propriétaire défunt.
L'armée allemande continue et bombarde
Tous azimuts.

IX.

À la table de Raymond Roussel

Emmanuelle me regarde ;
Elle souhaite déguerpir – c'est entendu :
Nous changeons d'eaux profondes et d'inattendu,
Abandonnant la sous-marine Normandie.
Crawlant, nous progressons dans l'encyclopédie
Du siècle qui nous vit naître et dont on croirait
Que nous l'avions vu mourir, mais qui reparaît,
Intact, dans le ventre des océans. Féroce,
Une orque, la gueule globuleuse et atroce,
Nous a repérés. Son front, bombé, fait un nœud.
Son corps, d'un noir luisant, empâté, adipeux,
M'écœure. Nous apercevons un poisson-lune ;
Il ne possède pas de queue – c'est sa lacune –
Et pèse vraisemblablement mille kilos ;
Il n'est point constitué d'arêtes mais d'os.
Emmanuelle, du doigt, me désigne un homme
Tout en bas. Il déjeune. Un très vieux majordome
Lui apporte une belle daurade et lui tend ;
L'animal est vivant et l'attablé attend
Que son serviteur, comme l'on fait chez Lenôtre,
Le découpe et lui prépare pendant qu'un autre

Employé de maison, affrontant les remous
Qui perturbent ses mouvements, perce des trous
Dans la coquille d'un hétéropode à l'aide
D'une aiguille à coudre ; la position raide
De son poignet combat le courant. Son grand nez
Est penché sur l'ouvrage – un collier.

« Terminez-
Le pour ce soir », avait lancé Monsieur, la face
Empourprée d'une certaine gêne ; qu'il fasse
Un cadeau à ce jeune matelot qu'il vient
De rencontrer à l'aube près d'un récif tient
Du secret. Il aime les marins de très haute
Mer au galbe avantageux : envoûté, il ôte
Leur béret, leur caban, avec beaucoup de soin
Et les débarrasse du reste si besoin.
Lié à la table du repas par une laisse,
Un piranha à la denture surépaisse
Protège le maître de céans, qui a faim.
On fait signe que la daurade est prête, enfin.
Il mange lentement, de peur qu'il ne s'étouffe
Avec une arête. Quand le piranha bouffe
Les restes, il se tord, s'agite, tremble et puis
Se secoue. Il ouvre grand la gueule depuis
Qu'il nous a aperçus.

L'homme, de fière allure,
Lève la tête et nous sourit ; la procédure
Pour venir le saluer comporte plusieurs
Échelons. Il faut, d'abord, montrer ses meilleurs
Atouts en natation : comme une gazelle

Des eaux, Emmanuelle, avec un très grand zèle,
Exécute un papillon parfait ; quant à moi,
J'esquisse un dos crawlé qui, je ne sais pourquoi,
A l'heur de plaire au personnage ; une sangsue
Vient ensuite s'accoler à nous, en verrue,
Prélève un peu de notre sang – imaginez
Le désagrément, le risque que vous prenez
De vous voir intégralement sucé. Les autres
Étapes du cérémonial que l'apôtre
Que nous voulons connaître impose chaque fois
À ses rares visiteurs se comptent sur trois
Doigts. Un : déchiffrer une formule divine
Gravée dans la roche ; celui qui la devine –
Elle est horriblement tirée par les cheveux –
Passe à l'étape numéro deux, dont je veux
Bien essayer, mais rapidement, de décrire
Le principe qui, c'est un fait, porte à sourire :
Attraper un poisson, puis deviner son nom.
L'exercice est de grande difficulté ; non
Seulement car que la variété nous étonne,
Des espèces qu'on rencontre dans cette zone,
Et qu'il faut posséder un champ lexical qui
Permet de les intituler sans bredouillis,
Mais en sus, malgré notre importante fatigue,
Parce qu'il s'agit d'être extrêmement prodigue
En dons de l'agilité. N'ayant pas de goût
Pour la pêche, je triche, et me dis qu'après tout,
Étant écrivain, je préfère – elle est plus gaie,
Et avec elle ma main est moins fatiguée –
L'activité qui dénomme à celle qui, si
Elle est plus dynamique bien que tout aussi

Farfelue, consiste – puisque c'est la coutume
Imposée par l'hôte, vêtu d'un blanc costume –
À se saisir desdits poissons et à devoir
Les garder jusqu'à ce qu'ils puissent recevoir
Le nom, scientifique ou vulgaire, qu'on trouve
Sous leurs photographies dans les livres, qui prouve
Que je les reconnais.

*

Emmanuelle part
Chasser. Elle me signifie que, pour ma part,
Ma tâche sera d'identifier. Poussée
Par l'envie de se divertir, ma fiancée
Se dirige aussitôt vers un bloc de granit
Où se sustentent dans un embrouillamini
Phénoménal une gluette – ou porte-écuelle –,
Un dragonnet, une lycode, une gonelle,
Une laimargue, un brossé, un phycis, un lieu,
Une épinoche, un grenadier plutôt soyeux,
Une gadigule, un zée et, sous une voûte,
Une famille de chabots qui s'y ajoute.
Emmanuelle prend l'un des grondins camards
Qui passaient par là. Sa peau semblable aux vieillards
Est formée de moult plis évoquant la momie ;
Ses yeux oblongs lui font une mine endormie.
Ma Chinoise s'en est saisie en un éclair,
Et je l'ai quant à moi affublé d'un nom clair.
Reste encore une épreuve avant que l'on ne puisse
Aller serrer la main de l'homme dont la cuisse

Est à présent couverte d'une raie qui vient
Se faire caresser.

Le dernier défi tient
En quelques mots, et voici de quoi il retourne :
Rendre hommage à celui qui désormais séjourne
Dans ces fonds vaseux. J'accepte non sans chaleur
Cette condition. D'un geste ensorceleur,
L'index droit tout tendu – orné d'une rubace –,
Il nous convie à sa table. Le teint fadasse,
Portant la moustache, superbement vêtu,
Il nous lance, souriant, un regard pointu.
Des serviteurs gantés – mais de gants dont le pouce
Est percé – nous apportent d'abord une mousse
D'aspect gélatineux, de couleur zinzolin :
Je goûte et cesse alors de faire le malin.
Emmanuelle, plissant ses beaux yeux de biche,
Tire la langue et recrache ; un morceau se niche
Sur la veste en lin de « Monsieur », qui ne dit rien ;
Méticuleusement, tel le chirurgien
Ôtant une tumeur qui crûment se profile,
Il racle au couteau, avec un flegme anglophile,
Le laid petit îlot projeté perdu dans
L'océan de son vêtement. À belles dents,
Il continue de déguster l'amuse-bouche,
Qui nous a paru infâme. Une grosse louche
Surgit qui, sans prévenir, nous verse un bouillon
Dans des bols fissurés. Une soupe à l'oignon ?
Non. Sans doute une vieille tambouille d'apache,
Au goût infect – sa coloration, pistache,
Ne rassure pas. Puis, on nous offre un ballon

D’un vin récupéré sur un grand mamelon –
Un vin moelleux, un vin camarade, un vin rouge
Provenant d’un vignoble à la pente jalouse –,
Un vrai grand cru classé – un vin fin, un vin moût –,
Où les restes d’un galion, dans le remous,
Pourrissaient lentement. On trinque et une troupe
De bogues vient nous déranger, suivie d’un groupe
De ptérycombes – on ne dénombre sur leur
Partie dorsale aucune écaille. La pâleur
De notre hôte semble s’accentuer. Des craies
Blanches ont coloré son visage où les vraies
Expressions se dessinent enfin. Teint clair,
Cireux, sépulcral, ce quinquagénaire a l’air
D’être sans âge ; on croit voir à travers sa peau.
Le festin terminé, il remet son chapeau
Et demande sa canne. Il passe sur ses joues
Le dos de ses deux mains – les raisons en sont floues :
Peut-être vérifie-t-il son rasage. Lents,
Ses gestes sont élégants, raffinés, galants ;
Tout dans son attitude maudit la canaille,
Et sa simple existence annule la racaille.
Je lui demande enfin, tandis que flâne un thon,
Sous quelle forme, sous quel aspect, sur quel ton,
Dans quel style, par quelle façon, par quel bout
Je puis – j’ai promis –, tête haute et vent debout,
Lui rendre l’hommage demandé.

Le sourire
Qu’il m’adresse sait que ce qu’il va me prescrire
Est pour le moins inattendu, voire effrayant.
Il se lève, on l’attend ; revient, puis, s’asseyant,

Exhibe un livre gonflé d'eau fort peu commode
À consulter ; il est gondolé, à la mode
D'ici. Il faut en tourner les pages avec
Grande précaution. Ceux qui lisent au sec
Ne peuvent pas comprendre à quel point il est rude
De pratiquer sous les mers l'exercice prude
De la lecture et de l'étude. Le bandeau
Qui ceint l'ouvrage lui aussi a bu trop d'eau ;
Usant de délicatesse, l'homme nous montre
Enfin la couverture. Le titre démontre
Qu'il s'agit d'un roman, qu'à mon plus grand plaisir
Je connais. Il en est l'auteur. Quitte à choisir,
De tous ses chefs-d'œuvre – que j'ai lus à tout âge
De ma vie –, c'est celui que, si je déménage
Sur une île déserte, j'emporterai. « Vous
L'avez composé à dix-neuf ans. Là-haut, nous
Le lisons encore. » Emmanuelle demande
De quoi il s'agit. Du coup, je la réprimande
Car je lui ai offert le même en moins bombé ;
Elle ignore sur quel prodige on est tombé :
Un immense écrivain, qu'on prit pour un malade,
Dont on crut que l'œuvre fut une rigolade,
Mais dont le génie est proprement inouï ;
Le livre qu'il exhibe est un monument, oui :
Ce premier roman prétendait changer le monde,
Mais la critique, souvent aveugle et immonde,
Ignora ce joyau, préférant se pencher
Sur des publications de raz de plancher ;
Très déprimé, le jeune auteur, de guerre lasse,
Décida à jamais, snobant la populace,
Qu'il financerait seul sa cathédrale à part :

Sa fortune passa et ce, dès le départ,
Dans l'impression de ses opus. Rien ne souille
Plus aujourd'hui, hors de l'eau, cette œuvre qui fouille
Les fondements du langage et où nous voyons
Les mots prendre le pas sur ce que nous croyons
Être la réalité.

*

Jadis, le dimanche,
Je me délectais, ivre, de ce ton qui tranche
Avec tout ce qui est connu. Dans ce glacis,
À présent, il est face à nous, à table, assis,
Brandissant *La Doublure* devant l'intendance,
Emmanuelle, et moi. Avec quelque impudence,
J'insiste pour qu'il me révèle, cette fois,
Le défi qu'il me lance ; alors, avec ses doigts,
Il se met à tourner les pages, ne s'arrête
Qu'à la dernière. D'un lent mouvement de tête,
Il se redresse et grave sur des rochers verts –
Le ciel n'est rien, c'est dans la mer qu'est l'univers –,
Au couteau à huître, ce qui suit, que je garde
En mémoire – mais peut-être ai-je, par mégarde,
Oublié une virgule : « Sans baragouin,
Vous devrez composer, y apportant grand soin,
Un roman qui, tel le mien, sera gai à suivre
Bien que composé en alexandrins. Revivre
Mon labeur, donc. Mais vos livres, peu folichons,
Sont si mal faits que – même si nous nous fâchons –
J'ai eu l'idée de vous imposer, pour qu'on puisse

Voir si votre surestimé talent se hisse
Jusqu'aux cimes du mien, un douloureux effort :
Prendre les mêmes rimes que moi, en support,
Mais en allant du dernier vers – où, bien finie,
Mon histoire se clôt – vers le premier. Bénie
Soit cette promesse que vous me fîtes, car
Cette belle propagation de mon art
À travers le vôtre (soudain passe une lotte),
La prolongation, dans votre camelote,
De mes diamants, de mes dons dans votre empois,
Vous feront progresser. Tu ne fais pas le poids,
Coco, à l'heure où j'inscris ces mots sur la face
Rugueuse de ce roc. Remonte à la surface,
Et commence ton labeur, ton travail de chien :
L'envers de ma *Doublure* – et mène-le à bien. »
Sans doute remarque-t-il que je vire au rouge :
C'est un immense honneur que sa poésie bouge
Au milieu de la mienne. Ainsi qu'un tournesol,
Mon prochain roman – qui partira donc du sol
Pour parvenir au do – se fera girouette,
Tournant sa face ébaubie, stupide et muette
Vers ce soleil qu'est *La Doublure*.

Mes malheurs,
Je le sais d'avance, seront nombreux ; les pleurs,
Fréquents. J'essaierai de faire des étincelles,
Mais si je n'égale que d'infimes parcelles
De la virtuosité du génie assis
En face de moi je serai comblé. Précis,
Concis, net, son style est aérien, céleste.
Je crains de n'accoucher que d'un livre indigeste,

En comparaison de son bouquin où parvient
À s'établir tout un cosmos dont on retient
Miraculeusement chaque détail. À l'aise
Aussi bien pour décrire un ciseau, une chaise,
Qu'un carnaval entier, la couleur d'un sirop
Ou le déguisement burlesque d'un pierrot,
Cet indépassable maître – je suis un âne
À côté de lui – s'envole, s'élève, plane ;
Quand j'achève un de ses livres je trouve creux
Tous ceux qui ne sont pas de lui. Il est heureux
Que fussent retrouvés par l'insondable voie
Du hasard, dieu des athées – à la grande joie
Des amateurs –, de vieux inédits oubliés
Puis exhumés d'une vieille malle en juillet
Mil neuf cent quatre-vingt-neuf. La façon, fortuite,
Dont ces écrits jaillirent – ils furent ensuite
Bien authentifiés – des noueux tourbillons
De l'espace-temps lui ressemble. Papillons
Dans les yeux, j'ai tout dévoré, à toute allure
De ces textes régurgités par Chronos. Pure
Folie – j'étais étudiant –, les rares sous
Que je gagnais servirent – je revois mon pouls
Battre exagérément –, me mettant dans le rouge,
À l'achat immédiat – « Les gars, je ne bouge
Pas d'ici tant que je ne les ai pas… C'est clair ? » –
Des volumes nouveaux. Je me souviens de l'*r*
Majuscule de son prénom – « Eh ! Je décampe ! » –
Sur la couverture blanche et bleue – et ma tempe
Battait ; je revois l'autre *r*, cher à mon cœur –
Celui de son nom. J'étais transi et vainqueur.
J'exécutais des bonds, je me roulais par terre,

J'entonnais des chansons, et nul ne m'eût fait taire.
Nous buvons tous trois un dernier verre de vin ;
Puis nous prenons congé du plus grand écrivain
Français du vingtième siècle. Le tentacule
D'un poulpe saisit notre hôte et le véhicule
Jusqu'à la béance où il dort.

X.

Soljenitsyne en sa geôle

Mais, nom de Dieu !,
Je pourrai dire, quand j'aurai quitté ce lieu,
Que j'ai dîné avec Raymond Roussel. Miroite
L'habit diapré d'un aurin, à notre droite.
Nous poursuivons notre chemin. Vers qui ? Gandhi ?
Lénine ? Igor Stravinsky ? John Lennon ? Idi
Amin Dada ? John Coltrane jouant un dièse ?
Albert Ayler interprétant *La Marseillaise* ?
Jean Moulin tuméfié qui fait son devoir ?
De Gaulle dépité qui renonce au pouvoir ?
Guevara et son armée en panoplie verte ?
Brasillach au peloton la chemise ouverte ?
Hitler et Pétain se regardant dans les yeux ?
Mehmet Ali Agca qui vise Jean-Paul II ?
Maximilien Kolbe achevant sa prière ?
Anouar el-Sadate qu'on tue par-derrière ?
Pablo Picasso parachevant un dessin ?
Petiot finissant de brûler un voisin ?
Jaurès haranguant la foule en bras de chemise ?
Georges Politzer attendant sa mort promise ?
Louis-Ferdinand Céline en son vieux gilet ?

Ernst Hemingway blanchi qui recoud son filet ?
Zola persécuté qu'on ne fera pas taire ?
Jim Morrison hanté qui se roule par terre ?
Walt Disney cravaté esquissant un canard ?
Raspoutine qui tombe dans un traquenard ?

Emmanuelle exécute une pirouette ;
Je l'imite, et me prenant pour une mouette
Je fais des saltos, des loopings, des roues de paon
Jusqu'à ce que je domine un sinistre pan
De mur. Quelqu'un est enchaîné par une espèce
De cadenas géant ; un rémora agresse
Le bagnard qui joue aux échecs et ne nous voit
Pas ; par un très léger mouvement de son doigt,
Un gardien, de l'autre côté du mur, décolle
Le judas ; puis, très délicatement il colle
Son œil contre cette paroi qui désormais
Sert d'univers au prisonnier. À tout jamais,
Je reverrai sa maigreur et son regard borgne ;
Le gardien ne manque rien, qui observe, lorgne.
Le détenu n'a de place que pour trois pas ;
Il est couvert de brûlures sur l'avant-bras.
Un centrolophe noir avec son pédoncule
Caudal vient culbuter l'échiquier, qui bascule.
Un long et triste chauve au crâne qui jaunit
Apporte une ration d'ormeaux – dont brunit
La chair – à l'incarcéré. Peu après, l'eau verte
Est troublée par le pas de l'inspecteur. Couverte
De scaphopodes versicolores qu'un long
Chaboisseau tricorne gonflé comme un ballon
Cherche à décortiquer en sortant de sa bouche

De petits crocs crénelés, la porte qui bouche
L'horizon du condamné, après quelques tours
De clef dans sa serrure rouillée – clef toujours
Enterrée le plus loin possible de la geôle –,
S'ouvre. L'inspecteur entre. Il vient pour le contrôle.
Soljenitsyne le salue ; alors, debout,
Les deux mains dans le dos, tandis que le verrou
Se referme, il attend. S'échappant de son ventre,
Des gargouillis trahissent la faim, suppliante.
Le fonctionnaire inspecte les pans du mur ;
Ses mouvements sont lents et son regard est dur.
Au-dessus de leur tête un encornet lévite
Mais ne perturbe pas le kapo moscovite.
L'agent est concentré ; il vérifie cent fois
La moindre fissure lézardant les parois ;
Il analyse sans fin ce que la gamelle
Contient. Durant une heure, ainsi, il fait du zèle,
Sachant qu'il ne trouvera rien. Qu'importe, il faut
Dresser rapidement, pour ceux de tout en haut,
Un rapport circonstancié – donc il amasse
Le maximum de détails. Même la limace
Qui grimpe sur le cou du banni au moment
Où il conclut sa visite est abondamment
Décrite. Il inventorie tout, toujours fidèle
À la réalité ; et ces excès de zèle
Que le Parti juge exemplaires et *ad hoc*
Font référence. Ainsi, il note qu'un haddock –
Sans doute – se meut sous un caillou qu'il écarte
Du sol et que, dissimulé sous une carte
De l'U.R.S.S. qu'il a l'idée d'entrouvrir,
Se trouve un pétoncle qu'il décide d'ouvrir

Afin de démontrer que rien ne lui échappe ;
Il évalue sa forme arrondie, puis il tape
Sur la coquille, qu'il dote d'un numéro ;
Il se souvient de jadis quand, godelureau,
Il ramassait ce coquillage.

« Oh ! Petit ange ! »
S'exclamait sa mère sous le soleil orange
D'Anapa ; puis, tout en ne quittant pas des yeux
Son fils, elle plaçait les pétoncles au mieux
Sur sa robe, formant des figures. « Regarde,
Ceci est un carré, un rond. » Et lui : « Je garde
Celui-là ! On dirait un casque avec un trou. »
Souvent, il observait l'orifice par où
Il lui semblait qu'un animal à la membrure
Ridicule sortirait enfin ; la dorure
Du ciel virant au violet, le rejeton
Et sa mère rentraient, laissant sur le ponton
Les coquilles de la journée.

*

Face à la porte
Dûment verrouillée, Soljenitsyne supporte
L'inspection sans dire un seul mot. Son maillot
Est maculé de spondyles ; là, un caillot
Se forme, de leur bave. L'épaule démise
Du forçat lui fait mal ; mais il n'est pas de mise,
Ici, de se plaindre. Alexandre sait qu'il n'est
Rien : un cafard, une mouche de cabinet ;

« J'eusse visiblement mieux fait de ne point naître »,
Soupire-t-il parfois. Il n'a ni Dieu ni maître –
C'est pourquoi il est là. Il ne valide pas
Cette fausse révolution par le bas.
Sur le drapeau, sur faucille et marteau : il crache ;
Alors entre ces murs on le bat, on le cache.
Devant nous : cinq surveillants, dont le plus fort tient
Une balle d'enfant dans la main ; il parvient
À l'enfoncer d'un coup dans la bouche de l'homme
Qu'on va exécuter. Un crangon polychrome
Assiste à la scène ; il a du mal à nager
Et agite l'abdomen afin de plonger,
Obstinément, jusqu'au fond de l'eau. Il gigote
En tous sens et, fastidieusement, pilote
Sa carapace mouchetée à reculons ;
La pierre où il se pose a des airs de melon.
Ses longues antennes lui font comme une huppe
Sans cesse en mouvement ; ce qui les préoccupe
Est de détecter tout danger extérieur
Et tout objet qui s'approche.

                                        À l'intérieur
Du cachot, un rai forme un crachat diaphane.
Dans cette zone l'eau est couleur de tisane ;
Le crangon se crispe ; il agence en parasol,
Pour se protéger, ses pattes ; puis cherche au sol
Une zone bien meuble dans laquelle il pioche
Pour s'enterrer. Tel un doigt dans une brioche,
Il s'enfonce facilement. C'est au fouet
Que ressemblent les hydrophytes ; leur souhait
Est de croître à la manière des chardonnettes

Sur les rocs où, dansant, belles marionnettes,
Elles se changent en lames de taffetas ;
Leurs lanières ondulent en levant les bras.
On dirait des filaments crispés qu'éclabousse
Le flux. Certaines ont l'air de ballons en mousse
Transparents. D'autres, qui semblent dormir debout,
Portent des étoffes gaufrées de bout en bout
Et d'autres encore, qu'un long ruban recouvre,
Font penser à des lambeaux de gelée qu'au Louvre
On peut contempler sur le chef-d'œuvre de feu
Jean-Baptiste Siméon Chardin, peintre un peu
Oublié aujourd'hui mais dont la tentative
De choquer le public fut en définitive
Réussie avec ce tableau : *La Raie*. Un tas
De cailloux accueille dedans le galetas
Du condamné des padines paons que déguise
La feuille rose d'une delesserie mise
Dans cette – j'utilise ici le guillemet –
« Position » par l'onde ; la plante, au sommet,
Arbore un très beau plumeau carmin qui essuie
L'habitacle spiralé et en dents de scie
Des nérites. Un rocher, d'un rouge tumeur,
Brille : de petites forêts, dans la « rumeur
De la mer » – comme disait l'immense prophète
John Cowper Powys –, de la couleur de la crête
Du coq poussent à sa surface. Dans un coin
De la geôle une cladostèphe sans besoin,
Triangulaire comme l'éventail ou comme
Ce bel objet désuet qu'est le métronome,
Luit. Des lits d'herbes bleues avancent, fainéants ;
Des pierres nues sont posées sur les tapis blancs

Du tréfonds, que des écorées, en escadrille,
Visitent. Une janthine dont la coquille
Est concassée trace des ronds dans l'infini ;
La nuit de ces sous-sols est si noire qu'on y
Distingue à peine les laminaires où Charles
Péguy est tombé au combat. « Tu sais, tu parles
Trop, là-haut », me dis-je, faisant mon examen.
Ici, on se tait, ou l'on dit avec la main.
Ce n'est pas plus mal.

Là, devant nous, un polype
Sécrète son mucus – il est rouge tulipe.
Translucide et tubuleux, sinueux, rayé,
Il se tortille et se débat tel un noyé.
Son corps est un sac ; sa bouche, elle, est une espèce
D'ouverture flexueuse. Il n'est que mollesse.
C'est un bel animal ; derrière des rideaux
De bulles argentées il va en crescendos,
Et se voûte et se plie, se donne à la courbure
Des flèches de soleil semées dans la froidure.
Il se ligote aux plantes dans un rythme mou ;
Il s'amarre à des fleurs, semblant de caoutchouc ;
Une planche vermoulue que le temps irrite
Est élue par maints sosies de cette émérite
Bestiole aquatique ; ils forment un trait clair
Sur toute sa superficie. Ces larves, l'air
Heureux et ailleurs, s'adonnent à la débauche,
Multipliant leurs cellules à droite, à gauche ;
Un limaçon ne sortant jamais de dessous
Sa coquille en transporte. Sur quelques vieux sous
Épars, un amas de ces messieurs s'agglutine

Quand certains autres visitent une bottine
Orpheline depuis cent ans de son mollet ;
J'en vois une poignée pleuvant sur un collet
Où la charogne d'un renard, à résidence,
Est lentement mâchée par la denture dense
De la bouche océane. J'en vois sur les bras
D'Emmanuelle ; j'en sens qui bougent au bas
De ma colonne. Leur nombre forme une douche
De têtards transparents ; lorsque votre main touche
Leur nuage phosphorescent, et rose, et rond,
Celui-ci s'évanouit. Ils reparaîtront
Quand vous serez parti ; telle est leur procédure.
Plus loin, déjà, ils se balancent : l'échancrure
D'un moellon les accueille. Peut-être, une autre fois,
Reviendrons-nous les étudier ; et ma voix,
Alors, servira leur cause. Ils pourraient même être
Les personnages d'un long roman à paraître
À la saison des prix. Polype : universel
Sujet, bien qu'un tant soit peu inhabituel !
Leurs membres capillaires remuent en cadence
Et tracent en sourdine une drôle de danse ;
Des cils vibratiles recouvrent avec soin
Ces organes plus longs que leurs corps et qu'au loin
On voit, dans une opalescence d'asphodèle,
Découper le noir en une fine lamelle.
Polypes dérisoires, soyez mes héros !
J'aime vos membres effilochés – les poireaux
Ont de pareilles allures. À notre droite,
Les voici qui s'agglomèrent de très adroite
Façon autour d'un ver sortant de son cocon :
Ils l'enlacent, le garrottent si vite qu'on

Ne le devine plus, bientôt. Chacun veut prendre
Sa part du gesticulant gâteau – j'aime rendre
Compte de ces événements, puisqu'eux aussi
Font partie de l'histoire de ce monde-ci ;
Les grandes tragédies que la mémoire épèle
Côtoient les sourds tracas que le zoanthe appelle.
Le polype parfois engouffre en son dedans
Des volumes de mets qu'une absence de dents
Empêche de mâcher ; avant qu'il n'entreprenne
De se bâfrer, il semblerait bien qu'il étrenne
Un appendice fort similaire à un groin
Qui vient jouer, en renfort, l'estomac d'appoint.
Le polype aime les pucerons ; il démontre
Ce goût en en avalant – tandis qu'à ma montre
S'écoulent quelques secondes – au bas mot trois
Douzaines sous nos yeux en ses tubes étroits
Où des renflements se forment. Miséricorde !
Le voilà qui vomit un bon tiers de la horde
Qu'il avait engloutie. François de Sales, ô
Combien hardi ! tu omis cet hôte de l'eau
Quand tu affirmas – pardonne-moi si je glousse –
Que les animaux ont l'appétit qui s'émousse
À mesure qu'ils dévorent et qu'une fois gras,
Ils arrêtent tout naturellement, à ras
Du débord et de la déjection immonde,
L'action de se remplir. La bedaine ronde,
Ils abandonnent – clamais-tu – un pan entier
Du ragoût, du rata, du plat dont le sentier
De la chance se garnit, opposant aux frasques
Du destin un élan de douceur. Bas les masques !
Le polype, quant à lui, n'obéit pas si

Mathématiquement aux principes ; ainsi,
Complètement rétif à l'idée de soumettre
Ses nombreux aléas à qui prétend connaître
Un peu la nature, c'est avec naturel
Qu'il improvise, dans le confidentiel
Espace qu'il sillonne tel un laid cloporte
Un vain morceau de plancher menant de la porte
De la chambre à coucher au pied du vieux buffet.
Mais, dans cet univers étroit notre ami fait
Absolument ce qu'il veut de son libre arbitre ;
Cette vie m'émerveille et derrière la vitre
Et la buée de mes lunettes je suis tout,
Absolument tout ce qu'il fait. Me plaît son goût
Pour la promenade et l'errance. Dans l'eau verte
Et noire, il avance sans dents, la bouche ouverte ;
Il n'est ni gai ni triste, mais simplement mou.
Les vermisseaux qu'il happe dans le torrent flou
Tentent de s'échapper ; las ! un long bras enlace
Les malheureux. Notre prédateur ne se lasse
Jamais de manger, manger, manger ; occupé
Sans cesse à ingérer, digérer et frappé
En permanence d'indigestion. Étroite,
La cavité engoulant les proies, à la droite
Du sphincter, est d'un mauve foncé au pourtour
Orangé. Tout ce qu'il peut engloutir concourt
À le colorer : le naïs donne un teint cuivre
À sa transparence, le myrmidon le livre
Au vert absinthe, et le têtard plutôt au vert
Épinard. À la surface du sac – ouvert –
Bourgeonne un aberrant tubercule, difforme,
Qui grossit, s'allonge, se creuse, se transforme

En polype miniature ; un bel accueil
Est fait au « polypule » dans un gros recueil
Baptisé *Le Monde de la mer*, tentative
D'établir de façon presque définitive
La liste folle de tout ce qui est censé
Vivre sous l'eau – l'auteur du livre est trépassé
Il y a longtemps.

XI.

Shoah

Non loin de nous une escadre
De pennatules tournoie, qu'un corail encadre ;
Nous apercevons aussi, voguant à vau-l'eau,
De très beaux virgulaires qu'hélas un rouleau
Aspire. Ils possèdent deux séries d'ailes d'ange,
Obliques, horizontales, coupées en frange –
On dirait des rubans roulés comme un tapis.
Ces ailes sont onduleuses et des rubis
Minuscules font une brillante matière
Sur leur dorsale d'un jaune ocre à la frontière
De l'orange. Plus loin, une anémone fait
Des gesticulations ; le dessin parfait
De son corps très charnu ressemble à une espèce
De bourse – la dire serait une prouesse
Dont seuls Buffon et Ponge eussent été, je crois,
Capables. Ses tentacules, parmi la poix,
Sondent et fouillent la zone, à la découverte
D'un jeune crustacé, d'un petit ver inerte ;
D'un brusque mouvement, l'animal, gracieux
Mais vorace, pousse un griset audacieux
Vers sa gueule béante ; ses proies favorites

Sont les nouvellement nés, tous les néophytes
Des fonds. Son déplacement est aérien.

Des hommes maigres apparaissent ; un gros chien
Aboie sur eux des bulles. Une arme, luisante
Comme une médaille, escorte l'agonisante
Foule humaine qui va. Tous sont à la merci
Des soldats. Ils sont en pyjama – rétréci
Et rayé. Là, sous le brusque effet de la houle,
L'un d'eux, à bout de forces, glisse, tombe, roule.
Il est couvert de plaies et les os sous sa peau
Sont saillants ; l'homme est recourbé comme un copeau
Sur le sable. Le kapo s'approche et lacère
D'un grand fouet plombé le malheureux qui serre
Ses deux poings ; une méduse passe et se tait.
Une arme abolit le peu de vie qui restait
Dans le corps humilié ; personne ne charge
Le cadavre que les crabes, de long en large,
Ont commencé déjà de dévorer. La mort
Accompagne les survivants jusqu'à l'abord
D'un camp ceint de barbelés. Branlante, une plaque
Gothique annonce, dans une formule opaque,
Que « le travail rend libre ». Le sourd clapotis
Formé par les pas de ceux qui, les abattis
Décharnés, rentrent en sabots du chantier, tombe
Aussitôt dans l'oubli. Un jeune Grec succombe,
Gravant sur son visage de Bohémien
Un sourire enfantin qu'il adresse au gardien.
Les sables sont boueux. On claudique, la hanche
Disloquée. Ici, une silhouette blanche
Veut suivre le courant mais un gibet de bois

La retient par le cou ; tout autour de ses doigts
Dansent des astéries. Au loin : une clairière
De coraux.

D'un baraquement, dans la lumière
Verte, un squelette voûté, presque horizontal,
Marche, très hagard, dans le monde végétal ;
Il boite. Ses souliers lui font mal ; la pénombre
Cache son visage décharné, son œil sombre.
Un SS tenant en laisse un requin bleu nuit
Lui assène un coup de crosse, puis introduit
Le canon du fusil dans sa bouche : « Cloporte ! »
Hurle-t-il en pensée. « Il faut qu'on vous déporte
Tous ! » L'homme est à terre et jamais ne contredit
Son triste bourreau ; à Lyon cet érudit,
Qui gît là sur une ancre, avait une vie double :
Celle d'un physicien et celle, plus trouble,
D'un chef de réseau. Son sang forme un filet bleu
Et noir colorant les fongies. Un jeune, un « bleu »,
Tente de l'aider : le blessé n'a plus envie –
Pour quitter cet enfer il faut quitter la vie.
L'encore adolescent tient dans sa main la main
Du vieux de quarante ans qui sait qu'aucun demain
Ne peut pousser ici. On peut voir sur sa cuisse,
Maigre comme un filin, tordue comme une buisse,
Des plaies que la gangrène mord jusqu'au mollet ;
Son regard blanc se vide et annonce qu'il est
Prêt à se mélanger aux synophules. Belle
Et soyeuse, une sole navigue ; la pelle
Usée d'un cimentier l'intéresse au-delà
De tout : elle s'y enroule ; mais qui va là ?

Une horde déguenillée : la confrérie
De ceux qui vont mourir maintenant. La carie
De l'un d'eux ne lui fait plus mal – il est fin prêt
À laisser ce qui lui reste de corps ; d'un trait
Il rature cette existence funéraire.
Des fleurs blanches, étoilées, servent de repaire
À un nérophis à tête bleue ; l'animal
Ne possède pas de nageoires. Il est très mal
Conçu – en apparence. Un haut gradé achève
Un déporté hongrois. Aucun cri ne s'élève.
Jamais. Tout baigne dans un silence évident.
Des femmes dénudées marchent en rang pendant
Que leurs enfants sont conduits ailleurs, vers l'entrée
D'une grotte dont la paroi paraît vitrée.
Tous pleurent, avançant dans le noir, à tâtons.
Leurs larmes se mêlent à la mer. Dix-huit thons
Les regardent. Un colonel, face rieuse,
Plaisante avec un kapo à plus sérieuse
Mine. Nous entrons. Presque personne ne sort.
Un tube membraneux, long, ondule et se tord –
Tentacule d'un octopode solitaire.
Des individus semblant surgis de sous terre
Portent des lanternes ; on fera un tambour
Avec leur épiderme, ou bien quelque abat-jour.
Leur tête est surmontée d'un calot qui ne s'ôte
Que pour dormir et où, toute la journée, saute
Un nombre très infini de poux. Le sirop
Qui trouble et pollue l'eau s'échappe d'un garrot
Mal fait. Chacun progresse comme un funambule ;
Puis la troupe est parquée dans un grand vestibule.
De petits poissons fous effleurent le convoi –
On dirait des oiseaux.

*

Emmanuelle voit
De ses propres yeux, sous le recreux d'une voûte,
Un homme nu se faire rouer de coups. Toute
Sa famille a été exterminée au fond
De ce morceau d'océan où les nazis font
Et refont sans cesse la loi. Himmler écrase
Une fleur dont les corolles bleues, à leur base,
Paraissent saupoudrées de sucre ; dans un coin,
Près d'un mamelon pierreux, s'agitent le poing
Décapité d'Élie Bloch et la main ouverte
D'Edith Stein. Un soldat, figure recouverte
D'acné, allume une lampe et vérifie, nom
Après nom, sur une liste, qu'aucun chaînon
Ne manque. Tout en comptant des histoires drôles
Au maître-chien – on note qu'ici tous les rôles
Sont parfaitement répartis –, il coche et sait
Qui envoyer à l'immédiate mort. C'est
Lui, et lui seul, qui décide. On ne lit la hargne
Nulle part sur ses traits ; la paix qui l'accompagne
Est celle du devoir accompli. D'un coup d'œil,
Il jauge les corps qui devront gagner le seuil
De l'ultime instant. Les sursitaires à droite,
Les condamnés à gauche, conduits dans l'étroite
Ouverture d'un cratère qu'un escalier
Dessert. Installés sur ce sinistre palier,
Ils sont gazés. Entre les arbrisseaux louvoie
Un béryx couleur de brique anglaise ; la voie
Qu'il emprunte se dote, remontant plus haut,
De bouquets de corallines.

Si le Très-Haut,
Père de Notre Seigneur Jésus-Christ, persiste
À siéger sur les nuages et résiste
Au déménagement sous les flots, c'est qu'ici
Son paradis ressemble au crachat sans merci
Des hommes. L'histoire ne fait aucune place
Au bonheur ; ici, Dieu se verrait dans la glace
Et se mettrait à vomir. Cet orphelinat
Qu'est le monde sans Lui et ce pensionnat
Qu'est l'univers sans foi, Il verrait qu'il s'assemble
Indéfiniment sous les fonds marins : l'ensemble
Des événements d'hier, chaque jour, ici,
Se rejoue. Phnom Penh, l'affaire Dominici,
Pétain, Bousquet, Laval, Pie XII, toutes les hontes
Sur lesquelles nous avons poussé. Armées, juntes,
Colonnes, milices ne s'arrêtent jamais ;
Elles recommencent en boucle, désormais
Dans une version aquatique et muette,
Ce qui fut jadis sur la terre défaite.
Tout se répète ici, moment après moment,
Sans qu'on sache pourquoi, sans qu'on sache comment.
Le « jeudi noir », l'insurrection de Hongrie,
Pinochet au Chili, el-Assad en Syrie,
Estienne d'Orves dont on bande les yeux,
Les victoires du Reich, les enfants d'Izieu,
Cet État d'Israël qui vient enfin de naître,
L'État palestinien qu'on doit reconnaître,
Le fascisme qui va, la grippe qui survient,
Les « isme » qui tombent, le castrisme qui tient,
Ce Dieu que partout on révère, ou qu'on offense,
Le front de l'Est qui soudain recule, ou avance,

André Gide au balcon, Staline à son côté,
Kolwezi, au Zaïre, où nous avons sauté,
Cassou et Cavaillès et les armées de l'ombre,
Doriot, Vallat, Tulard et son fichier sombre,
Darnand, Déat, Pucheu, Weygand, Dentz, Pellepoix
Déshonorant l'humanité…

XII.

Marilyn, Coltrane, Monk

En robe à pois,
Une femme gesticule ; son équilibre
Paraît instable. Mon cœur bat, palpite, vibre :
Il s'agit de Marilyn. Un lançon, lequel
S'agite dans une sorte de rituel,
Effraie la star qui se débat et se tortille.
Deux chabots, dont le plus appétissant sautille,
Passent, mutiques. Ils ne voient pas que là, droit
Devant eux, en costume loqueteux, l'air coi,
Très saoul et consommant une plante illicite,
Gesticule un divin duo. Mon cœur palpite ;
Coltrane et Monk sont là près d'un grand chandelier
Sans bougie – Thelonious, comme un cymbalier,
Bat un rythme syncopé parmi les jusquiames.
« Trane » regarde de temps en temps si des dames
Se promènent dans les parages et, du doigt,
Quand tel est le cas, il annonce qu'il leur doit
Un chorus fait de tous les silences ensemble.
Monk, poulpe sur la tête et dont la barbe semble
Complaire aux pleurotomes, se met par moment
À pivoter sur lui-même – le sédiment

Alentour se défait – sans la moindre musique
(Mais tout nous fait penser à un chant liturgique).
Ses mains baguées sont épaisses, son ventre est gros ;
Les raies alentours ont des faces de pierrots.
Un vieux piano qui s'enfonce dans les glaises
L'attire soudain ; ses bagues sont ses prothèses
Qui animent ses doigts. On dirait bien qu'il rit.
Chaque note jouée blesse le bois qui pourrit.
Il est inutile que le moindre son sorte :
La course des bijoux sur le clavier colporte
Le nom de tous ses opus. Un sous-marinier
Assiste, l'air émerveillé, à son premier
Concert de be-bop muet.

Avant qu'on s'en aille,
« Trane » se lance dans un chorus ; je défaille.
Malheureusement, nous nous trouvons nez à nez
Avec un espadon ; nous ne sommes point nés
Pour finir embrochés. Il faut que l'on rebrousse
Chemin. Tout à coup, une terrible secousse
Nous sépare comme deux fragiles fétus.
Je me sens transpercé par des couteaux pointus ;
Emmanuelle a disparu dans les eaux troubles.
La tête me tourne et mes visions sont doubles.
Le maxillaire de l'espadon est très fin
En son extrémité : je sens que c'est la fin.
Sa pointe me perfore, achevant ma vie d'homme –
Il va me transpercer tel un morceau de gomme.
Je suis lacéré par cet épieu de fer-blanc.
À cet instant je sens que me saisit un franc
Mouvement de main. J'ai toujours compté sur celles

Que j'ai aimées – on voit que les Emmanuelles
Sont fiables. Elle n'a même pas de bleu,
Et m'ausculte rapidement ; j'aurai un peu
Exagéré. De la taille d'une étiquette
De pull-over : une éraflure, qui n'inquiète
Pas la femme de ma vie. Il est vrai qu'un rien
M'angoisse. Je me croyais mort. « Hé ! Tu vas bien. »
J'essaie de me poser sur une lourde caisse
Cadenassée, qui s'écroule sous mon poids.

XIII.

Alfred Jarry entre en scène

« Qu'est-ce
Donc que cela ? » s'écrie, après l'effondrement,
Emmanuelle, effrayée, littéralement,
Par la monstrueuse créature, très blanche
Tachetée de roux, sorte de géante tanche,
Qui surgit d'entre les planches ; un gras hareng,
Insensible à la scène, rattrape son banc.
Je m'assieds sur un gros caillou. Le noir espace
Qui m'enveloppe, et où chaque étoile qui passe
Est une anguille, un loup, une raie dont les bords
Semblent mordillés, me rappelle que dehors
Le ciel m'attend ; et sous le ciel la lourde charge
De vivre. Emmanuelle est là, m'adresse un large
Sourire plein d'amour ; mais je sens le métal
D'une lame me lacérer : c'est sur l'étal
D'une boucherie que s'évidera le ventre –
L'image est moins forte qu'on pouvait s'y attendre –
De cette passion.

Nous savons bien que nos
Instants de bonheur décéderont dans l'enclos

Que les dates du calendrier – en l'espèce,
Grégorien – lui ont dessiné. Une épaisse
Tristesse m'envahit. Dieu ne fait pas le poids ;
La mélancolie m'attend – elle est aux abois.
Un dimanche soir, je finirai par me pendre ;
Seules les femmes aimées sauront le comprendre.
Très soigneusement, je vérifierai le nœud ;
Méticuleusement, après un dernier vœu,
J'étudierai la manière dont on accroche
La corde au plafond et dont la tête s'approche
De son ultime pensée. Une fois mes dents
Dûment brossées, je pénétrerai, seul, dedans
Le désert sans soleil où aucune dispute
N'advient et où cent siècles et une minute
Se confondent en produisant le même effet.
Hier, celui qui dit ; demain, celui qui fait.
J'aimerais tant pouvoir harnacher à ce rouffe
Impérial un fil de nylon, qu'il m'étouffe –
Je serais allégé, blotti dans l'au-delà,
Dans l'au-deçà, disséminé ici ou là,
Des peurs de la rupture et de la fin. Les autres
Ne se quittent jamais ; prières, patenôtres,
Ne savent éloigner mes chagrins favoris.
Je sombre dans les pleurs et lentement pourris :
L'être aimé parti, je souffre comme une bête ;
Contre d'épais murs blancs je fracasse ma tête.
J'écris de longues lettres lui demandant quand
Aura lieu son retour ; son silence éloquent
Me crache à la figure. Je suis seul. S'ajoute
À cette solitude, qui seule m'écoute,
L'irruption moisie, saumâtre, aveugle dans

Sa vie d'un homme neuf ; sur les photos ses dents
Brillent. Il me déchiquète comme découpe
Sa proie le grand requin blanc. Je quitte le groupe
Des animaux humains ; et mes lendemains sont
Des passés qui s'étirent et des jours qu'ils vont
Vivre le plus loin possible de moi. De drôles
De nausées commencent ; pèsent sur mes épaules
Les saisons qui viendront. L'amour que l'on forçait
Était un paradis ; tandis que l'enfer, c'est
Ton absence. « Emmanuelle, fais quelque chose,
Je t'en conjure, pour que rien, jamais, ne cause
La plus petite rupture. Tu sais bien : nous
Sommes inséparables sur la terre et sous
L'eau. »

Un baleineau lustré, égaré, me toise –
J'essaie d'inscrire ici chaque poisson qui croise
Notre route. Un petit homme vaguement gras
Joue avec un pistolet ; musclés, ses deux bras
Saillent d'un débardeur. Il semble qu'une chère
Amie l'accompagne, habillée en cochère ;
L'homme paraît maquillé. Je suis sûr de moi :
Il s'agit de Rachilde et de Jarry. De quoi
S'entretiennent-ils ? Jarry vise une morue ;
La balle la perfore. Il la dévore crue,
Puis il pose son arme. Les deux amis vont
Chercher des épées ; c'est l'heure à laquelle ils font
De l'escrime. D'abord, le « Père Ubu » empoigne
Quelques oursins qu'il gobe et, hilare, il s'éloigne :
Il goûte une cuvée dont le tanin rend gai ;
Puis, parfaitement saoul, brandit son épée : « J'ai

Inventé une botte, voyez ! » Plein de joie,
Il ouvre – un peu freiné, gêné par l'eau – la voie
À une imbrocatta. Petit pantin content,
Il démontre par l'exécution, l'instant
D'un soupir, d'un geste parfait, parmi les tanches,
Que la flanconnade se tire en dehors. Manches
Retroussées, riant, il ménage ses effets ;
Son visage accumule les traits satisfaits.
Rachilde est débordée. Le palotin chancelle
Toutefois : celle-ci le blesse sous l'aisselle
Sans l'avoir voulu. Il se vrille. Et son corps
Petit et râblé de se cogner aux rebords
D'un bathyscaphe embourbé. Là, le clown s'écroule.
Emmanuelle veut l'aider, qui fraie la foule
Des salpes assemblées en rubans. Jarry, lourd,
Est difficile à soulever. L'ensemble est gourd
Et pèse. Alors, ma Chinoise, aussitôt, découpe
Son col avec ses dents – pendant ce temps, un groupe
De pholades va. Le poète, sous le choc,
Se réveille en tremblant ; il exige qu'un bock
De vermouth, qu'un dé d'absinthe à quinze centimes,
Lui soient vite apportés. Ses vêtements intimes
(Des oripeaux hideux achetés à crédit
Lui faisant la dégaine d'un triste bandit) –
Je n'y avais, dans un premier temps, pas pris garde –
Sont pénétrés – Emmanuelle aussi regarde –
De sable siliceux. À tel et tel endroit,
La peau est brûlée comme si le feu, d'un doigt,
Avait gratté toute une nuit. La verge est rouge,
Dépasse. Des pétoncles y sont collés. « Bouge ! »
Hurle-t-il à sa protubérance. Il crie fort

(On dirait un diablotin sur un ressort) –
Cri refusé par les eaux : une onde remue.
Emmanuelle soulève, dans la cohue
Des aplysies unies dans un halo foncé,
L'Auguste pâle et court qu'un goût très prononcé
Pour les spiritueux fait crawler comme un gosse
Vers la cave d'une épave. Un dénommé Bosse-
De-Nage, cynocéphale papion, laid
Mais doux, l'escorte – tout donne à penser qu'il est
Son garde du corps. Ils se fondent dans l'obscure
Gueule de la mer ; et l'immaculée figure
De l'auteur du *Surmâle* est mangée par le noir.
Nous déguerpissons : il n'y a plus rien à voir –
À peine distingue-t-on ses tristes moustaches ;
Le singe et son guignol sont devenus des taches.

XIV.

Algérie, Vietnam

Nous arrivons dans un décor brunâtre et mou
Que crèvent des pitons rocheux. Sous le genou
D'Emmanuelle, crénelée et colossale,
Une de ces aiguilles, qu'un nuage sale
Dissimule, et dont cette hanche, en violon,
Nous ébaubit, a été baptisée, selon
Une inscription que sans doute une patrouille
Aura gravée, d'un nom de femme qu'une rouille
Recouvre : *Anne-Marie.* Un autre pic, carmin,
S'intitule *Béatrice* ; à portée de main,
Son voisin denticulé et pointu s'affaisse –
Il s'appelle *Isabelle.* Et voici, dans l'épaisse
Purée de pois de ces terribles au-dessous,
Qu'apparaissent, majestueux, bien que dissous,
Claudine, *Dominique*, *Éliane* – et dépasse
Françoise. Nous avisons, plus loin, et plus basse,
Gabrielle. Puis, nous pouvons apercevoir
Des paras semblant jaillir d'un grand réservoir
Et qui ressemblent à des méduses. À droite,
La cuvette de Diên Biên Phu.

Très maladroite,
Emmanuelle percute un aspe endormi
Qui la mord au cou, ayant cru qu'un ennemi
Venait le dévorer. Tout à coup une pièce
D'artillerie surgit ; on ressent une espèce
De cataclysme dans nos poumons. Souriant,
Un béret rouge canarde un piton saillant ;
Ils sont bientôt cent, puis doucement on approche
Les cinq cents, les mille, dix mille soldats. Roche
Après roche, lents comme des pantins, sans voix,
Ils utilisent leurs munitions. Parfois,
Un cadavre viêt-minh, arborant son insigne,
S'inscrit dans une trajectoire curviligne
Et s'abat sur nous. Heureusement un bateau
Torpillé, dont la coque fut brisée tantôt,
Nous sert d'abri et une vieille poêle à frire
Trouvée dans l'épave nous a sauvé du pire.
Les avions, dedans le fond noir et refroidi,
Font des vrilles et déclenchent un tsunami.
Un Dakota s'abîme dans la dentelure
D'un champ de coraux, dessinant une courbure
Dans le bleu nuit de l'eau. Nous voyons un marsouin
Effrayé qui, criblé, s'en va mourir au loin.
Un étroit mamelon apparaît sur la gauche :
Ce photographe sri-lankais, touché, ébauche
Un mouvement, mais une pluie d'obus l'atteint.
La DCA viêt-minh, dans l'iode adamantin,
Crache des feux défigurant la nappe bleue
De la surface de l'océan. Une queue
De carlingue, là-bas, est en flammes et fait –
Emmanuelle me la désigne – l'effet

D'un gros bourdon qui brûle, d'une papillote ;
Le feu qui la ceint, l'incendie qui l'emmaillote,
Forme une nuée mauve et dorée, trace un rond
Qui se déforme en gueules atroces qui font
Peur. Un légionnaire tombe en une fosse :
La murène qui le dévore est aussi grosse
Qu'une barque de pêcheur. Le nuage noir
Qui passe est un banc de pagres.

Je laisse choir
Un baiser dans la direction des joues blanches
D'Emmanuelle ; un para, dans les longues branches
D'un conifère des eaux entouré de fleurs,
S'étrangle avec sa bretelle. Puis des tireurs
En embuscade sur une dune inclinée
Nous choisissent pour cible. « Je ne suis pas née,
Pense Emmanuelle, pour servir de carton
Aux balles du "roi Jean". » Un morceau de béton
Manque de nous écraser ; la plie polychrome
Qui y pondait fuit. Tout ce qui vit, chaque atome,
Risque ici sa peau. Il est grand temps à présent
De s'en aller. Un béret vert agonisant
Nous lance un sourire ; son sang est couleur fraise ;
Sa mâchoire arrachée chante *La Marseillaise*.

*

Nous suivons des scyllées sillonnant l'alentour ;
Leur corps est comprimé ; leur pied s'enlace autour
Des tiges des plantes aquatiques. Étrange

Animal, possédant sur le dos, comme l'ange,
Deux ailes qui battent. Son aspect est grenu
Et son estomac présente un anneau charnu
D'où sort une petite pointe, un pic à glace.
Sa bouche est une trompe qui fouille l'espace
Puis se rétracte dans une sorte d'étui ;
Enfin, l'abdomen est équipé, quant à lui,
De deux lames cornées dont le tranchant taillade ;
Il se meut lentement devant Laurent Tailhade.
De charmants glaucus brillent comme les carreaux
D'un vitrail. Les conques sont comme des fourreaux
Dont elles sourdent comme des épées. Rangée
Par rangée, parmi les coraux couleur dragée,
Elles se meuvent, visqueuses ; des confettis
Phosphorescents les encerclent, qui sont sortis
De nulle part. Leur couleur est un impassible
Gris de perle passant aussitôt que possible
Au bleu céleste. Leur dos nacré, se mouvant,
Montre deux bandes foncées d'un bleu décevant ;
Le ventre, taché de brun, élastique et souple,
Se bombe drôlement. C'est par paire, par couple,
Que vont les tentacules. L'aspect ramolli
De la tête, allié au rythme démoli
De sa progression, qu'un léger courant pousse,
Prête à rire.

XV.

Kennedy meurt

À l'horizon, grosse comme un pouce,
Une voiture fend un banc de plancton – droit
Devant nous s'agite un poisson-scie qui prévoit
D'avaler un poisson fait d'une seule arête.
La limousine va et jamais ne s'arrête ;
Une foule d'humains privés de tout soleil
Est rassemblée. Les coraux sont un mur vermeil
Jonché de curieux. Les traits quelque peu flasques,
Un homme, assis derrière, sourit aux bourrasques
D'applaudissements nourris et de cris joyeux.
Il est rasé de frais et il plisse les yeux ;
Gaie, sa femme, à ses côtés, recueille une pluie
D'anémones.

Pour connaître l'heure, j'essuie
Ma montre : midi et demi – dans l'eau ; dans l'air,
Je ne sais plus. Brutalement, en un éclair,
La foule se défait. Un jeune père plaque
Son fils sur le fond tapissé de sable opaque ;
C'est la panique ; nous voyons un espadon
Se cacher dans un trou. Une algue céladon

Est éclaboussée de sang. Cette poupée molle,
Qui remue lentement dans une danse folle,
C'est Kennedy touché, livré à la merci
Des balles de Lee Oswald, qui ont réussi,
Malgré les freins de l'eau et la cible éloignée,
À répandre la mort ainsi qu'une poignée
De confettis. Des gardes du corps – ils sont deux –
Tentent de protéger le président ; l'un d'eux
S'écroule également. Une protubérance
Apparaît devant nous : recherchant sa pitance,
Un bélouga fouille nerveusement les sous-
Sols de la mer endeuillée parmi les remous
Et les cris sans nul son où, face à nous, s'achève
La pantomime démantibulée, et brève,
Du trépassé célèbre. La boue vient salir
Son visage troué que la mort fait pâlir.
Un long filet de sang prolonge son oreille ;
Sa main semble chasser une mouche, une abeille.
Son nez est retroussé, aperçu de profil.
La limousine s'embourbe cependant qu'il
Gesticule encore un peu.

On voit, de l'aorte,
S'échapper également, comme par la porte
Un courant d'air, un coulis de ton bleu lilas ;
Deux tentacules imbéciles sont ses bras.
Dans la zone du drame, l'ombre est très épaisse ;
Nous progressons fort mal dans cette bouillabaisse.
Un fusil à lunette sombre, impénitent,
Dans cette nuit sans reflets. Et l'oubli l'attend.
Il s'agit de l'arme du crime, qu'une fosse

Happe déjà. Au bas de sa crosse une grosse
Limace est ventousée, qui elle aussi, le front
Orné d'antennes rétractiles au bout rond
(On dirait une obèse et orange virgule),
Se perd dans l'infini goudron où ne circule
Plus le moindre photon ni le plus petit dieu.
Un G-man est en pleurs, couché au beau milieu
Du noir. Le bouquet de fleurs de Jackie, ensuite,
S'évanouit vers le néant ; la mer, enduite
De larmes, se sale abondamment.

*

Tout en haut,
Sur terre, Kennedy repose ; sous le flot,
Il recommence sans arrêt l'horrible ronde
De sa mort. Tous les jours, et devant tout le monde,
Ici, il est assassiné. Si, au-dessus,
L'histoire se déroule et meurt, sous les tissus
De la mer profonde au contraire elle radote ;
Jackie étreint son homme au cheveu roux carotte.
Le chauffeur accélère. Un bout de cervelet
Du président est englouti par un mulet
À la gueule aplatie et à la lèvre rouge.
La foule forme une nappe immense qui bouge
Incessamment. Éparpillés partout au sol
Les badauds font les morts. Et cette clé de sol
Que je caresse par hasard, avec ses quatre
Ailerons nickelés – il est en train de battre
En retraite –, est un hippocampe.

XVI.

On marche sur la Lune

Un peu plus haut,
Nous apercevons un vaisseau ; le sirocco
Paraît l'entraîner. Il arbore une pancarte :
Nous lisons « *Columbia* ». De nous, il s'écarte
En décrivant une ronde qu'avec le doigt
Nous suivons. L'allure est vive, comme il se doit –
À cet instant précis une bande de raies
Surgit, si laides qu'elles ne semblent pas vraies.
L'engin décrit un grand cercle satisfaisant
Aux lois de la gravitation. Écrasant,
Le silence oppresse.

Je pose sur la joue
D'Emmanuelle un long baiser. Un isis joue
Avec le corps vide d'un crustacé. Le beau
Visage de mon amoureuse, où un bobo
Se devine qui fait une bosse barbare
À son front, éclaire la zone comme un phare.
Une araignée géante fait intrusion
Dans notre périmètre ; cette vision
De cauchemar nous pétrifie. La reculade

Est impossible ; et la moindre fanfaronnade
Nous serait fatale. Je regarde ses yeux
Absents. Un je-ne-sais-quoi de religieux
Envahit mes poumons. On dirait qu'elle louche ;
Elle nous paraît rire quand s'ouvre sa bouche.
Je suis tétanisé par l'horrible animal ;
Sa saillante denture attend de mettre à mal
La chair qui m'enveloppe.

Soudain une boule
De feu décapite le monstre affreux qui roule
Au sol. Ses pattes, incapables d'un seul pas
Désormais, se tordent. Le crustacé n'est pas
Tout à fait mort. Je vois une laide guibolle
Prise de convulsions ; c'est la carmagnole
Qu'elle paraît danser. Maintenant, pas très loin
De nous, la capsule – habitée – surgit au coin
(Par la droite, me semble-t-il ; non, par la gauche :
Dans ce noir, d'incertitude il y a débauche)
D'un gigantesque bloc de granit. Tous les deux,
Nous identifions Collins. Un trogue hideux
Jaunâtre s'agglomère au hublot d'où nous toise
L'astronaute dont l'habitacle se pavoise
D'un sigle – « NASA ». Un amas stellaire vient
Égayer l'anthracite effrayant qui nous tient
De décor – cet éperon finlandais l'entraîne.
Nous croisons également : un marteau qui traîne –
Royal, élégant, dont l'abdomen mou et gras
Est parsemé de cercles noirs de haut en bas ;
Un spondyle – impérial – surgi d'une tombe
Qui s'agite et frétille et aussitôt retombe

Dans l'oubli ; des bucardes au vêtement bleu –
Leurs coquilles blanches et bivalves un peu
Piquetées ; quelques arrosoirs dont un banc passe.
Et pendant ce temps notre héros de l'espace
Continue ses révolutions, bien au sec
Dans son vaisseau. Hébété, il observe avec
Fascination Armstrong et Aldrin, à droite,
Dix mille pieds sous lui, par sa lucarne étroite.

*

Neil, le premier, vient de descendre à reculons
L'échelle du LEM. Le bas de ses pantalons
De scaphandrier est taché de sable grêle ;
Il s'éloigne avec précaution de l'échelle.
Ses gestes sont précis ; il étouffe un peu dans
Sa tenue. La trace de ses pas fait des dents
Au sol. Buzz pirouette dans le noir inerte
(Cette danse est freinée par une scirpe verte).
Des tellines sulfurées, vives tel l'éclair,
S'aperçoivent dans le reflet cendré mais clair
Des visières. Et c'est un petit pas pour l'homme,
Mais un bond de géant pour l'humanité, comme
Chacun sait. Buzz bondit et rebondit, aussi
Intrépide qu'un gamin. Nous disons merci
Au destin d'avoir pu voir cela. (Je m'attache
À décrire la scène, afin qu'elle se détache
Du reste.) Neil plante dedans le sable gris
Une caméra qui filme l'exploit. Surpris
Par le flash, dont l'intensité est violente,

Des buccins et des harpes, sis sur une plante,
Se dispersent en un unique soubresaut.
Le panneau solaire ressemble à un réchaud.
Armstrong effectue à présent une mesure ;
Se baissant, il manque de craquer la couture
De son accoutrement. Serait-ce mardi gras ?
Les combinaisons, qui boudinent jambes, bras,
Transforment en risibles bonshommes de mousse
Les astronautes en mission. D'une housse,
Aldrin extirpe un outil semblable au compas.
Armstrong prélève un échantillon. Pour ne pas
Essuyer, de son pays, le moindre reproche,
Il enfonce dans le sable, près d'une roche,
Le drapeau étoilé : l'Amérique du Nord
Est passée par ici ; et quand tout sera mort
La nuit s'en souviendra. C'est à une araignée
Qu'au loin le LEM ressemble. Buzz, une poignée
De tritons dûment capturée, essaie, hardi,
D'attraper au vol un ptérocère engourdi.
Neil, assisté d'un Hasselblad suédois, prouve
Qu'il est un excellent photographe ; il se trouve
Que tout petit, n'étant pas un enfant bavard,
Il passait ses journées sur le grand boulevard
À prendre des clichés. Son compagnon s'excuse :
Vite, accélérons ; l'expédition accuse
Une heure de retard – le temps est précieux ;
Le moment est venu de faire ses adieux.

Emmanuelle et moi voyons le LEM qui quitte
Le sol en soulevant de la poussière. (Quitte
À me répéter : ce spectacle rend heureux.)

Rejoindre *Columbia* s'avère pour eux
Un jeu d'enfants. Longtemps, hagards, on les regarde
Jusqu'à ce qu'ils s'évanouissent et que darde
Un ultime rayon lumineux enfoui
Dans les ténèbres – ainsi s'achève, inouï,
Cet épisode tranchant avec le tumulte
Qui habituellement, on le sait, résulte
De la folie des hommes – étant l'un d'entre eux,
Je peux aisément en témoigner.

XVII.

Sharon Tate et ses invités

Soudain, deux
Points éloignés brillent d'une lumière verte :
C'est une dauphinule à la robe couverte
De perles roses et qui nous fixe en tournant ;
Un immense bonheur m'envahit maintenant.
Cette salamandre du Japon qui se rue
Sur nous, tel un bolide fou dans une rue,
Manque néanmoins de nous tuer tout à fait ;
L'aracana qui suit nous fait beaucoup d'effet
Également. Sa grande gueule semble pleine
De strombes, d'ovules, de patelles à peine
Mâchées. À côté, un holocentre et son dard
Fouillent une outre, la transperçant au hasard.
Puis, bredouilles, ils entreprennent une amphore
Qu'ils piquent, trouent, bousculent et piquent encore.
Emmanuelle désigne un panneau :

« Veux-tu
Que nous allions par là ? » Le chemin, pentu,
Est bordé de palmiers sous-marins ; on l'avale.
Nous crawlons sur la « Route du Ciel » : un dédale

De routes paradisiaques où l'on voit
Des Bentley, des Rolls, envasées comme il se doit.
Un pélor obèse, d'un mouvement de tête,
Renverse une Harley tandis qu'une autre bête
Dévore son motard. Sur l'avenue un hâ
Broie de ses dents un laitier. On s'arrête là,
Fatigués, devant une maison dont le style
Rappelle les granges retapées. La subtile
Fusion de briques et de bois brun, un rien
Rougeâtre, confère du cachet à ce bien.
Sise au numéro 1050, ostentatoire –
Mais pas trop –, elle semble à peu près sans histoire.
Elle est très basse et longue, et juchée en hauteur ;
Une alarme installée prévient le malfaiteur.
La piscine est superbe, longue, rectiligne.
Une bouée est au bord, qu'un crabe égratigne ;
Il arbore des stries et des points sur le dos.
Sa retraite se constitue, bien qu'il soit gros,
D'une minuscule grotte, de taille d'huître,
Aménagée à l'abri d'un éclat de vitre –
Un couloir y conduit où après les repas
Il se glisse obliquement, trafiquant son pas.
Protégé, il aperçoit ce qui le surplombe :
Le flot qui se déplace dans ce jais de tombe.
Il entasse les laminaires que, parfois,
Il découpe énergiquement, malgré son poids.

Nous entrons, à la brasse – je ne puis proscrire
Aucune nage, mais j'ai du mal à souscrire
À celle-là (les mains, la supplication).
Sur la pelouse verte, en fermentation,

Un cadavre sans yeux qu'un chien de mer attouche ;
Une expression laide est fixée sur sa bouche.
Emmanuelle vomit ; je vois son menton,
Entouré d'un nuage – aussitôt le plancton
Nettoie les eaux. Une beauté, cheveu de cuivre,
Gît dans le living-room, main posée sur un livre
Boursouflé. Des lésions, partout sur sa peau ;
Son corps blanc n'est plus qu'un lamentable lambeau.
À côté de sa nuque pourrit une pomme.
Il semble qu'elle attendait un enfant de l'homme
De sa vie. Mais aucun regard, même endurci,
Ne saurait supporter ce que l'on voit ici.
Une porte est bloquée, que le fœtus obstrue ;
Un seul poisson s'ébroue et c'est une morue.
Sur le dos de la mère, on ignore combien
De ces coups de couteau administrés pour rien
Ont pu donner la mort. Une stridence siffle,
Loin, infligeant au silence comme une gifle.
Une troisième dépouille, nue, dont le front
Se mêle au thalle brun d'une fucale et dont
Les longs cheveux servent de villégiature
Aux acétabules, exhibe une fracture
Tout près de la mâchoire. Et de nous enquérir
Que la victime rousse, qui s'est vue périr
En portant son bébé, a – ce qui le comprime –
Le cou enserré dans une corde – sublime,
Son visage est bleuté – de nylon. De mon doigt,
Je suis la corde qui, manifestement, doit
Passer au-dessus de la poutre où un reptile
Marin frétille, et dont l'extrémité mutile
La gorge d'une cagoulée ; un baleineau

S'introduit dans le salon, opère un créneau,
Puis repart. Arrive à présent une patrouille
De police. Elle arpente, elle visite et fouille.
Ici, dort le corps d'un adolescent – il a
Été transpercé d'au moins dix balles –, et là,
Celui d'une sirène ayant atteint la rive
De la quarantaine et sur lequel on arrive
À deviner les affres d'un passé amer.
La mort, partout, ici, a joué le même air.
Au-dessus d'une porte est écrit, bien en vue,
« *Pig* », avec du sang ; nous croisons une tortue.
Je veux toucher ce lachnolème siamois :
Il effectue des loopings, vif comme un chamois.
Un dauphin gît. On remarque, au niveau des côtes,
Une perforation. Quelles sont les fautes
Que ces gens ont expiées ? Quel individu
A commis ce massacre ? Un triton étendu
Sur le patio est mordu au périnée
Par un argonaute – violet – de Guinée.
Son visage est enferré dans l'expression
De l'effroi. Après quelque bifurcation,
Cette bonite jaunâtre et beige est venue
Le chatouiller.

XVIII.

Noureev danse

Voilà qu'une lumière nue,
Puissante à crever les yeux, se répand soudain,
Paraissant jaillir de la lampe d'Aladin :
Des animalcules phosphorescents qu'exhume
Le sous-sol – si froid que toute vie s'y enrhume –
La produisent ; un thon et, à côté de lui,
Un crénilabre paon, sont prostrés dans l'ennui.
Non loin de là, un bernard-l'hermite s'enterre ;
Son corps est souple et brun ; son corps est volontaire.
Une ombre féconde une ombre au milieu des fleurs.
Devant nous s'étale un grand désert sans couleurs.
Tout est noir et froid ; nous nageons dans une tombe :
Chaque photon égaré aussitôt succombe.
Une colossale pulsation, qu'il est
Dur de décrire, mais sur laquelle, affalés,
Nous roulions, le ventre vide et la tête pleine
De spirales, remue des couches de la plaine
Liquide qui remue, oscillant sans souci.
De telle étendue, nous sommes à la merci.
Pivotant devant nous, le corps d'une défunte
Trace une superbe arabesque, puis emprunte

L'oublieux chemin d'une terne région.
La mort s'étend alentour par contagion ;
Une raie s'est perdue, semblable à une tarte.
Ici un rideau d'algues que ma main écarte.
Des chaussons usés et quelques collants tantôt
Troués tantôt en lambeaux, un vieux paletot
Déchiré que l'estomac de la mer lessive :
C'est ce lot mélangé qui maintenant dérive
Jusqu'à nous, ainsi qu'un immettable chapeau,
Six peignoirs, deux foulards et un tricot de peau.
Un *r* roulé coule en mouvements erratiques ;
Tout un assortiment de produits cosmétiques
Pollue les eaux salées.

Là, un visage ; il est
Défiguré par l'effort. Si beau, et si laid.
Il nous sourit, les yeux verts et bridés. Narine
Écartée, la pommette haute et la poitrine
Taillée, il paraît soudain surgir d'un caveau ;
Il danse et le moindre geste paraît nouveau.
C'est à tel cavalier tartare qu'il ressemble ;
Avec des touffes de coton trempées, il semble
Ensuite arracher de sa peau, précis et lent,
Ce qui reste de son masque. Très opulent,
Le décor qui l'enrobe, où le corail est rouge
Vif, où une centrine s'agite, ne bouge
Jamais. Il est d'assez mauvais goût, et n'est pas
Sans rappeler l'approche du dernier repas.
Tout à coup, nous le voyons, ébahis, s'en prendre
À une motelle qu'il frappe dans la cendre
Sablonneuse. Il grimace. Il hurle du regard.

Les habitants du lieu se mettent à l'écart.
Sa – muette – colère est un peu idiote.
L'équille qui le craint nous semble petiote
Mesurée à l'irascible pantin. Il est
Comme électrocuté. Quelque chose de laid
Sort de sa bouche déformée et grande ouverte ;
Il ôte ses chaussons dont la couleur est verte.
Les remet. En furie, il cesse d'être beau.
Il recommence à danser, faisant danser l'eau.
Huit fois, dix fois, vingt fois, ses pieds, ses bras, sa tête
Refont tel mouvement. Un début de tempête
Ne le perturbe pas. Il donne ce qu'il peut,
Pouvant comme un dieu. Tout ce qui pousse et qui pleut,
Tout ce qui pleure et qui veut, vient de sa puissance.
Les éléments, ici, craignent sa violence.
Il est ivre de fatigue ; la nuit, le jour
Se confondent dans la perfection, autour
De lui, de l'invincible silence où s'appuie
Ce monde. Tout doucement s'abat une pluie
De diacopes et de pomphérides. Son
Torse, replié en avant à la façon
D'une équerre, son regard habité, qui jette
Des éclairs dans ce sépulcre sans borne et guette
Un événement, un dieu, qui n'arrive pas,
Son bras, sa main, son doigt, indiquant un là-bas
Impossible, inconnu, d'où celui qui appelle
N'est jamais entendu, son profil en coupelle,
Ses muscles brisés par l'exercice, son poing
Fermé, son allure qu'on reconnaît de loin :
Noureev.

Noureev qui se déploie ou qui se tasse,
Qui boit cul sec une vodka dans une tasse
De thé. Il y a du barbare, en lui, un peu ;
La profondeur du noir lui fait le muscle bleu.
Ses « pliés » résultent de gestes économes ;
L'eau amortit les chocs du plus léger des hommes.
Il saute lentement, roule, s'enroule aussi
Souplement qu'un boa. Les entrechats à six
Battements, voire à huit, sont pour lui la coutume ;
De trois algues mauves il s'est fait un costume.
Il décompose les arabesques que font
Les aigles de mer lorsqu'ils décollent du fond,
Et s'en inspire. Il enchaîne les pas pour faire
Advenir, dans l'espace englouti, sans horaire,
Où il vit désormais, où pourrit un radeau,
Un art aussi neuf et étonnant qu'un cadeau
Qu'ouvrent les enfants. Soudain, serrant la mâchoire,
Il exécute, tel un spectre dans l'eau noire,
Des figures freinées, toutes semblant sans but ;
Nous devinons, qui modifie son azimut,
Une tribu de canthares gris dont l'artiste
N'a que faire. Isolé en lui comme l'autiste,
Il s'arrête brusquement, statue dans la mer.
Il sourit tout doucement d'un sourire amer.
Tout peut passer dessus, et le flux, et la houle ;
Il salue, s'inclinant, l'inexistante foule.
S'applaudissant lui-même, et fier de son effet,
Il se cambre, prend son élan, sautille et fait
Un salto si lent qu'il entraînerait la halte
Du temps.

XIX.

Munich 72

Cette attraction hypnotique exalte
Emmanuelle, hélas arrachée de l'endroit
Par un terrible vortex qui fonce tout droit
Vers nous, et nous aspire. Une vieille semelle
Me frappe au visage ; puis c'est une gamelle
De soldat qui vient m'assommer. Je meurs, je nais,
Je meurs encor, je renais.

Puis, je reconnais
Un masque que la capitale bavaroise
N'a jamais oublié ; il est couleur ardoise.
L'homme cagoulé juché ici, quelque part,
Sur ces récifs coralliens, l'œil de guépard,
Conçoit l'État d'Israël comme une chimère,
Comme une lubie, une entité éphémère.
À ma montre : seize heures et demie tout rond.
Dans trente minutes, voulant laver l'affront
D'un État fourni à la race scélérate,
Et d'un État armé, d'un État démocrate,
Les terroristes – s'essuyant sur le rameau
De la paix – ne feront qu'un énorme grumeau

De leurs otages – ce qu'Emmanuelle ignore.
Sous les eaux, ce cauchemar recommence encore
Et encore, avec des gros poissons tout autour.
Les Palestiniens voient, dans le demi-jour,
La police, déguisée, dont l'ombre s'agite ;
Le chef du commando anti-israélite
Porte un chapeau blanc dont paraissent s'amoindrir
Les bosses. Un couple de lieux vient s'attendrir
Parmi des débris, élisant une ancre maigre
Sous laquelle, en charpie, un cadavre de *nègre*
Se décompose doucement.

Tel un César,
Le chapeauté, d'un doigt, désigne au malabar
Qui l'assiste un otage, poussé de trois mètres
Vers l'avant, et que l'on voit paraître aux fenêtres
Qui forment un aquarium provocateur.
Avec des mouvements de prévaricateur,
Le chef avertit, remuant sa grosse bouche,
Que l'otage choisi, qui maintenant se couche,
Sera exécuté si nul ne vient ôter
Ces gens de la police. Alors, sans ergoter,
L'escadron d'élite, paralysé, commence
À s'écarter dans une tension immense.
L'otage a les mains liées. Deux thons gras, repus,
Se frottent à lui, ainsi que des zées lippus ;
La scène est traversée par un dugong difforme.
Le directeur de la police, en uniforme
D'athlète, paraît soulagé : il vient d'avoir
Un sursis. L'ultimatum aura lieu ce soir.
Méticuleusement, il remonte sa montre.

Ce délai miraculeux, à ses yeux, démontre
Qu'on peut encore éviter le massacre. L'air
Buté, visage à nu, et regardant en l'air,
Une sentinelle – sa fonction l'isole
Du reste du groupe (ce qui ne la désole
Manifestement pas) – est munie d'un harpon.
Son visage n'a pas grand-chose de poupon,
Bien qu'affublé d'une imperceptible fossette
Comme en ont très souvent ceux qui vont en poussette.
À sa ceinture – on peut facilement la voir –
Est passée une grenade dont le pouvoir
De destruction est grand. Explosant, elle ôte
À l'environnement sa faune. Oui : tout saute.
Plus haut sur la corniche, à gauche, tout au bout,
On devine un guetteur, qui se tient droit debout.
En guise de cagoule, de masque, de heaume,
Il porte un bonnet blanc ; on dirait un fantôme.
Un deuxième guetteur, sur les coraux poreux,
Tient un pistolet-mitrailleur. Cadavéreux,
Il fait les cent pas, marchant de plus en plus vite
Et n'apercevant pas ce requin qui l'évite.

*

Les silhouettes sont floues. Le noir compromet
La mission des tireurs d'élite ; au sommet
D'une terrasse de paquebot, qu'une couche
De sédiments recouvre si bien qu'elle en bouche
Toutes les issues, ils sont prêts. Et dans leur main,
Ils ont leur fusil ; le suspense est inhumain.

Ils rêvent de tirer mais ne peuvent le faire.
Sur la masse calcaire érodée, une paire
(À cet instant précis, en plein échantillon
De ce que ce récit mérite de renom –
Et avant que ce qui s'ensuivra ne s'écrive,
Et avant que ce qui doit arriver n'arrive –,
J'aimerais préciser, ici, dans ce recoin
Du texte, que je ne suis pas tellement loin
De lâcher cette entreprise suicidaire
Au plan commercial, au plan publicitaire)
De feddayin pose un revolver sur le nez
De deux otages ligotés semblant assez
Calmes. Un troisième a une arme sur l'oreille.
Comment imaginer qu'une chose pareille
Puisse vous arriver ? Ils ne croiront jamais
Plus en Dieu. Ils vont périr exécutés. Mais
Nous nous en allons ; Emmanuelle est saisie
D'une terrible nausée. La paralysie
Nous guette : l'effroi partout, ce froid infernal,
La réitération, sous les eaux, du Mal…

XX.

Allende, derniers instants

Cinq cents mètres plus loin, un chien – qui ne ressemble
Pas à un chien – est couché sur le flanc et tremble.
Des débris, sur le sol, dessinent un relief
Désolé ; une apocalypse, derechef,
Se manifeste ici, dans ce décor de cendre.
Tel mort est parcouru par telle scolopendre ;
Sa tête décapitée gît près d'un gréement.
De braves gens sont disposés, sadiquement,
En position couchée, pour qu'aucun ne parte,
Devant les chenilles d'un char.

Aucune carte
Pour nous montrer où nous sommes, comme il sied
Sur terre. Mais je sais où nous mettons le pied.
Un cadavre dérive ; il n'a pas de chaussure.
Son visage n'est plus que cette boursouflure.
Dans le sable, boulets, canons, et cætera,
Font l'effet du dernier acte d'un opéra.
Un corps se tortille, un autre se décompose,
Et un autre, tailladé, danse, virtuose.
Ce sont des carabiniers.

Parmi le plancton,
Un homme finit de se raser le menton ;
Il est digne et grave. Il se pourrait qu'il fredonne
Une comptine. Sa chemise, qu'amidonne
La blanchisseuse, peut attester du degré
De perfection qu'il apporte – et ce, malgré
La situation – à sa tenue. De nettes
Rides signent son âge. Installé aux manettes
Du pays depuis deux ans et quatre mois, grand
Vainqueur des élections, il sait qu'on répand
Partout, depuis des heures – il a su l'entendre –,
Le murmure de sa propre mort. D'un œil tendre,
Il regarde sa femme dormir dans le bleu
Du petit matin : le reste importe très peu.
Il a compris d'avance tout ce qui le guette ;
Il pisse et doucement remonte sa braguette –
Son urine se mélange à l'eau. Il a l'air
Presque soulagé d'en finir. Les bras en l'air,
Il s'étire – à ce même instant son regard croise
Celui d'un pantodon zébré. Le vert ambroise
De sa cravate bien repassée, dont l'embout
Remonte, serpente et se tient presque debout,
Contraste avec l'environnement noir et rouge.
Sur sa veste de tweed un petit crabe bouge ;
Ses pinces sont ornées de petits crocs pointus.
Il n'était pas seul : d'autres, tout aussi pattus,
Et dont la carcasse est tout aussi orangée,
Escaladent l'habit, formant une rangée.
Le président soigne l'aspect extérieur
De sa personne, mais sait à l'intérieur
De lui-même que la mort et la dictature

Sont la même entité, dans cette conjoncture
Qui pousse sur l'histoire ainsi qu'un durillon
Sur le pied d'un clochard ; et telle Cendrillon,
Qui est rentrée trop tard, il n'est que la relique
De ce qu'il fut tantôt.

*

Traversant l'hermétique
Épaisseur des eaux, il observe un nénuphar
Noir derrière lequel se cache un malabar
Équipé d'un fusil-mitrailleur ; la frégate
Qu'il contourne a dû sombrer là à une date
Éloignée du passé. Des morceaux de métal
Brillent de tous côtés ; un mouvement brutal
De son auto évite un tir d'artillerie.
Les cadavres épars disent la boucherie.
Il sort du véhicule et un long buga bleu
Le bouscule, le faisant vaciller un peu.
La vase verte crache une vieille pantoufle
Que la même gadoue recommencée camoufle.
La vue de ce chausson procure des frissons
À l'homme d'État. Là-bas, quelques hérissons
De mer, qu'il fixe sans la moindre inquiétude,
Ont avec l'oursin flagrante similitude.
Il a réuni près d'un récif qui prétend
Protéger des requins un parterre important
De conseillers, ministres prévenus la veille.
Une détonation trouble la merveille
Qu'est ce syngnathidé prolongé d'un long bec –

Il s'agit selon moi d'une femelle, avec
(J'interromps – las ! – mon récit : une inquiétante
Raie vient de passer, la trajectoire hésitante)
Progéniture. Chacun craint les appétits
De l'armée, capable de mettre en confettis
Tous les membres du gouvernement.

On demande
Où en est la situation ; la limande
Que réclame Allende et qu'il mangerait bien
À l'heure du déjeuner échappe d'un rien
À l'étreinte de l'huissier, qui essaie quand même
Une nouvelle fois – M. le Président n'aime
Pas ceux qui baissent les bras, surtout quand l'ampleur
De la tâche est aussi dérisoire. Couleur
D'acajou, un carrelet que la peur domine
S'échappe, comme saturé de vitamine.
À quatre-vingts mètres de là, dans l'alentour,
Une vive chaleur semblant sortie d'un four
Jaillit aussitôt, telle une injure de la bouche,
Un « boom » sonore et long qui malmène la couche
Profonde de l'océan. S'éloigner de là
Est un projet qui rapidement s'installa
Sur la crête de nos pensées ; sur l'origine
De l'explosion je peux (elle fut voisine
De mes abattis) convaincre le lecteur – prêt
Souvent à se repaître des affreux attraits
Des théories du complot – que, démesurée,
Elle provient d'une roquette décorée
D'insignes khmers. Les algues en suspension
Autour de nous frétillent sans intention.

Un tacaud, une plie, un sar à l'arcature
Bien arrondie, sont perforés.

Et sous l'obscure
Nappe d'eau nous voyons, Emmanuelle et moi,
Des enfants qui gisent, des mères en émoi.
Une fillette qu'une girelle paon moleste
Grimace d'horreur. Son bras gauche manifeste
Une propension à monter comme il faut
Jusqu'à l'air libre. La lame d'un échafaud
Semble l'avoir séparé du corps. Autonome,
Il vit sa vie, lorsque soudain, à toute gomme,
Jailli du profond cratère d'un rocher bleu,
Un faisceau d'équilles aux écailles un peu
Coupantes se frotte à lui. Dans ce périmètre
Hostile, nous repérons un bateau. Peut-être
Pourrions-nous nous mettre à l'abri des balles si
Elles se dirigeaient tout droit vers nous ; aussi,
Emmanuelle a la vue bonne, qui me montre,
Derrière un serran venant à notre rencontre,
Une vitre brisée. Un coloris roux naît ;
On dirait que le soleil dort dans la mer, n'est
Plus qu'un grand lambeau détrempé de crépuscules.

XXI.

Face au King

Nous nous faufilons vers l'épave. Sans scrupules,
On se dirige en brassant vers le bar. Des yeux
Par milliers brillent en astres silencieux :
Une galaxie de merluches nous regarde.
Je manque d'écraser un oursin par mégarde.
Un couple d'amants boit un cocktail (il est vert) ;
À leur table ensablée est dressé le couvert.
Nous n'apercevons la femme que de derrière.
L'homme semble parler de manière ordurière ;
Son gros coude appuyé sur la proue d'un radeau –
Lequel ressemble à un monumental landau –,
Il raconte des blagues éculées, peu drôles,
De celles qu'on apprend dans les bars et les geôles.
(Un pléco royal aux yeux bleus, zébré de corps,
Nous fixe d'un regard insensible et retors.)
Le fait qu'aucune onde sonore ne traverse
Pleinement l'eau, qui fait office ici de herse,
Protège l'égérie de cet humour étroit ;
S'abriter des butors nous devrait être un droit.

Lady Di a le blues ; un long lompe indocile
S'échappe d'une urne qui contenait de l'huile.
Sur un tréteau bancal installé tout exprès,
Un marlou se tord en tous les sens ; muni d'un spray
(Un aphritis slalome au loin : cette peau tendre,
Cette voracité qui ne peut pas attendre),
Il rend son cheveu luisant. Dans sa main il tient
Un microphone à trépied, qui va et qui vient.
La banane gominée, les revers en feutre,
N'inspirent de réaction, au zée, que neutre.
L'opah, peu convaincu, avise un pilotis
Pour s'y blottir. Bien que sous l'eau, des égouttis
De sueur ruissellent sur son front ; il s'appelle
Elvis.

Le King n'a pas encore de chapelle,
De propre religion ; mais rien qu'en chantant,
Rien qu'en cambrant le pelvis ainsi que se tend
Un fil élastique, il imprimera sa trace
Dans les linges trempés de la foule vorace.
Des filles furieuses feront des lambeaux
De ses chemises d'Hawaï. Briquets et flambeaux
Enflammeront ses Ray-Ban. Soudain son sourire
S'éclaire : il vient d'apercevoir – j'aime à l'écrire –
Emmanuelle qu'il fixe, l'irradiant
De son œil bleu océan. Aucun ingrédient
Ne manque à sa prestation ; aucune carte
À sa prestidigitation. Il écarte
Ses genoux enserrés dans un pantalon noir ;
Il abandonne au flot l'écharpe et le peignoir,
Son ceinturon, son blouson et un mouchoir sale.

Les fans se ruent dans la profondeur abyssale
De cette zone considérée comme en bas
Du Triangle des Bermudes – tous les compas
(Un laimodonte las jusqu'à moi se transporte,
Trahissant de ce fait l'intérêt qu'il me porte)
S'affolent dans cet environ. Le ventre mou
(Une kellia vient se coller à mon genou)
D'un tétrodon me frôle ; un exocet tout jaune
Nous regarde de travers. Toute cette faune,
À la vérité, nous déteste, qui voudrait
Notre mort. Peut-être qu'on nous retrouverait
D'ailleurs, parmi les fonds, troués, sans consistance,
Dans un champ marin de chicorées, en pitance
Pour les scorpènes qui sont des poissons sournois –
Au moins autant que le lavaret ou l'anchois –,
Hideux. Leurs têtes épineuses, véritables
Initiations aux plus épouvantables
Cauchemars, font plier bagage en un éclair
Aux trigles, aux môles, aux vives, aux chiens. L'air
Méchant, l'une d'elles vient à notre rencontre ;
Emmanuelle et moi nous rapprochons l'un contre
L'autre. J'essaie d'afficher des traits suppliants ;
In extremis elle part, les yeux froids, brillants.
Sa peau est molle, couverte de taches blanches ;
Voilà qu'elle effraie une escouade de tanches.
Son regard est semblable à mille coups de poing.
Un corégone se tapit dans le recoin
D'une coquille de murex. D'aspect très pâle,
Le corégone fréquente, femelle ou mâle,
Généralement les lacs ; je ne sais par où
Il est passé, par quel *gulf*, quel courant, quel trou,
Pour parvenir ici.

XXII.

Une partie de tennis

Maintenant Elvis lisse
Sa coiffe : une agaçante rouflaquette glisse.
Pendant ce temps, derrière un massif transparent,
Un homme maigre et long qu'on dirait transpirant –
Sa sueur se mêle à l'océan Pacifique –
Soulève dans l'eau bleue sa raquette aquatique.
Dans ses cheveux blonds dardent quelques reflets roux ;
La balle est un oursin trouvé dans les cailloux.
Il plisse ses yeux comme une vieille Chinoise.
Un parapode blanc, une zoé turquoise,
Un siponcle maïs, une ligie au corps
Géométrique qui se fond dans les décors,
Une actinie chiffonnée – qui ne voit pas qu'elle
Est en passe de devenir de la dentelle –,
Une cotte scorpion qui racle le fond,
Un centrophore granuleux qui se confond
Avec le sable, une blennie qui dissémine
Ses œufs violets alentour, une vermine
Et toute sa compagnie de boustifailleurs,
Un rousseau aux yeux d'ail qui regardent ailleurs,
Une mendole réchappée de la vermille

Et qu'escortent les rescapés de sa famille,
Une vélelle tropicale et ses nombreux
Appendices reproducteurs, un thon peureux,
Une agalme rouge heureuse d'être venue,
Un salpe paresseux qu'une lumière nue
Transperce, une ceste qui dans toute cette eau
Semble une écharpe volant au vent, un couteau
Qui s'il eut eu une gueule l'eût eue ouverte,
Un copépode cuivré à l'allure alerte,
Une étrille à carapace plate qui doit
Par son léger duvet être agréable au doigt,
Une mycale installée tout près d'un cratère,
Un nymphon que le courant glacé désaltère,
Une annélide remuant comme un pinceau,
Une bécassine accompagnée d'un rousseau,
Une mussole nue feignant la somnolence
Et recherchée des pêcheurs pour sa succulence,
Un triglidé – ou grondin – que guette un guêpier,
Un cabot blanc comme une feuille de papier,
Un maigre au corps long, svelte, et au regard de masque,
Une natice étoilée sortant d'une vasque,
Une eurydice isolée aux motifs confus,
Une sabelle et ses tentacules touffus,
Une hermodice impossible à vous décrire,
Un crabe vert dont la démarche prête à rire,
Un flet hagard remis à l'eau parce qu'hideux,
Un pagel acarne au dos bleuâtre avec deux
Rangées de nageoires éraflées en leur crête,
Une roussette apeurée qu'un clinus embête,
Un soldat de plomb rouillé auquel manque un pied,
Un surmulet tricolore qui comme il sied

Possède une chair blanche alentour de son ventre,
Un germon mal en point qui lorsqu'il nous voit rentre
Dans un trou lichéneux, un colin à la peau
Noire et mate – égaré au milieu d'un troupeau
De pélamydes –, une émissole (semblable
À ces requins de *blockbusters*) imperturbable,
Un diable de mer empâté, bouffi, gros, gras,
Une ophiure aux piquants fixés sur les bras,
Un orteil qui tout doucement se décompose
(Une crambe, dessus, prend des airs de mycose),
Un apogon bleu craignant les alligators,
Une plate ircinie blanchâtre sur les bords,
Un gouane à ventouse ventrale qui tâche
De dénicher au sol – sans la moindre relâche –
Des allorchestes et des mélites, un noir
Polychète aux parapodes de soie – pouvoir
Le caresser semble possible : je tripote
Même sa région céphalique –, une lotte
Au faciès stupéfiant et inattendu,
Une renière tachée d'un laid résidu
De jaune au niveau des filaments, une terne
Pieuvre droit sortie du roman de Jules Verne –
Elle imite les pales d'un moulin à vent –,
Une castagnole et sa mâchoire en avant :
Toute cette faune et flore est là et regarde
Le match qui commence.

Borg ressemble à un barde
Avec ses cheveux longs et ce court bouc au bout
Du menton. Face à lui, un petit nerveux bout ;
Son front est large et haut. Il traitera d'« ordure »,

Tout à l'heure, l'arbitre qui, la procédure
Aidant, aura la latitude pour dire oui
À son exclusion. Le visage enfoui
Dans son coude, l'énervé grimace. Il se penche.
Il sert. Il frappe l'oursin (de façon très franche)
Qui sert de balle et qui, telle une noria,
Tournoie sur lui-même, refreinée un chouïa
Par le fait qu'ici la pesanteur idiote
Ne s'applique pas. Une vieille loupiote
Éclaire la partie, créant un morne jour.
Le jeune homme énervé regarde tout autour
De lui. Il est aussi tendu qu'une ficelle ;
La tension, sur le court central, s'amoncelle.
Les smashs sont d'une violence de marteau.
Le score est affiché sur un piètre écriteau
Vermoulu. Bien que le Suédois soit très maigre,
La puissance inouïe de son jeu désintègre
Son adversaire – dont la calvitie conquiert
Un front bombé, très têtu, de plus en plus clair.
(Être bientôt chauve est la caractéristique
De John McEnroe.)

Les lois de la balistique
Sont très différentes sous l'eau ; aussi, l'effort
À fournir est tel, qu'on dirait un autre sport.
L'Américain, avec son poing, mime une injure ;
Il menace un thon puis écrabouille un pagure.
Le poisson l'aurait déconcentré ; le carton
Que brandit l'arbitre, accroché à tel bâton,
Signifie l'avertissement. Comme un derviche
Tourneur, John McEnroe, pour marquer qu'il s'en fiche,

Imite la toupie, bras en croix. Le duel
S'avère sans pitié. John – c'est un rituel
Chez lui – opère un léger mouvement d'épaule
Et, après avoir fulminé contre une sole,
Tend son bras maigre, veineux, d'un blanc de pierrot
Et tape dans l'oursin. Son galop est un trot –
Puisqu'il court sous l'eau. Plaqué tout contre l'épave,
Björn parvient toutefois, d'un mouvement concave,
À renvoyer le projectile. John survient,
Contre le courant, monte au filet (il convient
De préciser qu'à cet instant un poisson-scie
Est venu le transpercer) ; avec minutie,
L'Américain, que l'apesanteur rend Icare,
Place l'oursin lifté dans le tout dernier quart
Du court. Le Suédois sereinement recule,
Lobe l'objet piquant et, ce faisant, bouscule
Une agélas orange aux lobes terminés
Par les ouvertures de ses oscules. Nez
À nez, décidés à se porter l'estocade,
Les adversaires, gênés par une daurade
(Et tout incidemment un liparis doté
D'un assemblage caudal de toute beauté),
Se toisent.

*

Le plus excité des deux se cabre,
Agitant sa raquette comme on joue du sabre ;
Se font face la paix et la mauvaise humeur.
Debout, sur un rocher en surplomb, en fureur,

La tête lestement inclinée, l'uniforme
De gala recouvert de fucales à forme
De serpentins – sur les épaules, sur le dos
Essentiellement –, les jambes au repos,
Le thorax d'aplomb, sa mèche nimbant de pointes
Blanches son front, les yeux fermés, les deux mains jointes
D'où point sa baguette, un homme demande un sol ;
Le flot muet ne renvoie qu'un son de formol.
L'Empereur Karajan semble tenir en laisse
Son orchestre. Le poignet est tout de souplesse
Mais le visage est fait d'acier. Un requin dont
Il est le sosie opère un looping. Ils ont
En commun le regard et cet œil qui s'enfonce,
Et cet élan puissant qui jamais ne renonce.
Le morceau qu'il dirige vêtu d'un gilet
Est silencieux ; il est extrait d'un ballet
De Mozart.

XXIII.

Philippe et Pierre

Au milieu des coraux, dans la fosse,
Un vieillard mou applaudit ; il porte une grosse
Moustache blanchie. Mal installé, sans confort,
À côté du geôlier qui le surveille au Fort
De la Pierre-Levée – il dissimule une arme
Sous son treillis kaki, mais il n'est pas gendarme :
Il s'agit d'un jouet d'enfant mal dégrossi –,
Le grabataire semble se demander si
Le concert va durer longtemps – un mal de tête
Le tarabuste. Il s'aperçoit que sa braguette
N'était point remontée. Agitant son vieux bras
Il salue le maestro, qui ne le voit pas.
Une praire grise est collée à la visière –
Arrondie, en cuir verni noir, de la poussière
D'or pour la soutache – de ce noble chapeau
Que ceux qui ont passé leur vie sous le drapeau
Intitulent « képi ». Seul le champ de bataille –
Ses tranchées, ses obus, ses gaz et sa mitraille,
Et ses soldats tombant parmi le feu teuton,
Ses morts-vivants qui courent, jambes en coton –
Décide de qui le porte. Un très jeune mousse

Au visage violet produit de la mousse
En voulant le voir de près. Il tente d'abord,
Couvert de goémons, d'emprunter le sabord
D'un cargo abîmé, mais chaque coin de coque
Est surveillé par des espadons. Cette loque
Qu'il veut approcher fut en 40 la voix
De la France – aujourd'hui, il a peur d'un anchois.
Sous l'océan, plus personne ne peut entendre
Les discours du Maréchal. Son regard de cendre
Contient le vide d'une nuit sans fin. Du pont
(Sur ma nuque il y a une limnée qui pond)
Du cargo on voit se détacher, sur le rouge
Des coraux, un parterre qui jamais ne bouge :
Des étoiles jaunes que recouvre un brouillard.
Parmi elles se contorsionne un homard.
Emmanuelle et moi, installés sur la proue
Du bateau embourbé comme une lourde roue
De tracteur dans la glaise, sous les lumignons,
Fixons ces étoiles de mer, les désignons
Comme des étoiles de mort. Les taches blanches
Sur le cou de Pétain, couleur de chair des tanches,
Sont des brûlures de méduse.

Peu après,
Un homme à melon arrive, le teint de grès –
Il évite une raie en faisant quelques gestes.
Sa peau est crevassée et ses airs sont funestes.
La cravate est déchirée ; il porte un faux col.
Ses yeux jaune pissenlit sont remplis d'alcool ;
Il vient d'être effleuré par une énorme lotte.

Sa mine est fatiguée, son allure falote.
En levant le menton il cherche un bout de ciel
Mais ne voit qu'un béton lourd, noir – substantiel.
Il sort d'un rendez-vous brutal et mortifère
Donné par le Führer au fond de la tanière
D'un requin-taupe. De sa sacoche un hareng –
Clair, translucide, voire même transparent –
Sort précipitamment. Il a les nouveaux chiffres
En tête, des déportations. Ses sous-fifres
Ont bien travaillé : ils vont prendre du galon.
Mais Hitler le surveille et le marque au talon.
Apparaît à présent un remous de poussière
Recouvrant Laval et sa clique policière ;
Devant nous tournicote un morceau de genou.

XXIV.

James Dean au volant

L'explosion ressemble à un coup de grisou.
Un enfant vient de se faire arracher le pouce.
Obus, fusées, tirs – tout n'est plus qu'une secousse ;
Des blindés roulent, fabriquant des coloris
En écrasant tout, aplatissant les débris.
Nous assistons, transis, paniqués, au martyre
Des chrétiens libanais. De toutes parts on tire.
Un sar à tête bleue taché de reflets bruns
Est déchiqueté, perforé par quelques-uns.
Nous voyons, devant nous, les restes d'une raie.
Nous peinons à croire que cette histoire est vraie :
Elle eut lieu pourtant, à l'air libre, il y a peu
De temps. L'oblade qui nous suit est très osseux.
Nous nous avisons d'une route rectiligne
Bordée d'algues bleues ; ma compagne s'égratigne
Contre une thalle en éventail.

Des trombes d'eau
Sont soulevées par une Porsche ; le radeau
Qu'elle gifle en vrombissant vacille, dévie.
Le véhicule, rouillé, ne fait guère envie.

Sur terre, il était beau : dans le monde amphibien,
Il montre la hideur du monde hollywoodien.
Sur la carrosserie – ce n'est pas du Homère –
Le conducteur a peint, choquant sa pauvre mère,
Ces quelques mots : « *little bastard* » (« petit salaud ») ;
Il roule à deux cents, habillé en matelot.
Il porte des Ray-Ban ; sa façon de conduire
Est celle d'un jeune homme essayant de séduire
La mort. Il est déjà loin, il n'est plus qu'un point
Confondu avec le plancton. « On les rejoint ? »
Rit Emmanuelle. Ils sont deux dans la vitesse
Comme ils sont deux dans leur similaire jeunesse –
Je crois connaître le pilote –, deux gamins.
Le plus beau, acteur, vient d'essuyer des gadins
Avec une Suissesse à la pulpe intrépide,
À la moue ravageuse, à l'énergie torpide –
La starlette inconnue n'a pas voulu de lui
(Elle posera un jour en une de *Lui* ;
N° 144, sans corsage,
Enfoncée dans l'eau, le sein nu, et le visage
Dur, fermé, tendu ; son regard, presque inhumain,
N'invite pas à s'essayer au baisemain –
Elle *sait* qu'elle est le plus beau mannequin du monde).
Bronzée, lascive, têtue, sexuelle et blonde,
Elle aimante le pilote qui se berçait
D'illusions en imaginant son corset
Tomber sur un claquement de doigts. Cet énorme
Fiasco essuyé avant qu'il ne s'endorme,
Hier, l'a énervé. À l'acte sexuel,
Il a substitué – c'est aussi sensuel –
Le sport automobile. Au volant il exulte.

Las ! sa Spyder tape un rocher, le catapulte.
Ce n'est pas sa journée. Allongé sur le dos,
Il ne bouge plus. Entouré de grands rideaux
D'algues, il a l'air d'un enfant ; un ange mauve
Chatouille le cadavre avec son ventre chauve.

James Dean est là, devant nous mort, l'air satisfait.
Le siphonostome qui passe ne lui fait
Aucune impression particulière, bonne
Ou mauvaise. Tout doucement une couronne
De cérianthes se pose, sans aucun poids,
Sur son front rempli de paix. Un reflux de poix
Dissimule à présent sa dépouille. Une espèce
De sigalon, affreux, s'approche et la tristesse
Du spectacle en est aggravée. Derrière, un tas
De ferraille fumerait si nous n'étions pas
Sous l'eau : la Porsche, qui maintenant préoccupe
Une armada de dorippes. Puis une huppe
Se fait sur le crâne désormais sans esprit
Du jeune mort : une ophiure a entrepris
De s'annexer à sa chevelure vaseuse.
Une source jaillit d'une poche gazeuse :
Tombe une pluie d'étoiles de mer. Comme il sied
J'en recueille une et vais la déposer au pied
De la star démantibulée ; un poulpe saute –
Ses mandibules sont en position haute –
Au-dessus de moi. Un morceau de tibia
Transperce sa chair couleur de magnolia.
Et Ursula Andress, qui l'a éconduit comme
Un moins-que-rien, ne se doute pas que cet homme
À qui elle a raccroché au nez, si vaillant
Dort sans vie parmi les clavelines.

*

Voyant
Ce jeune corps étalé un requin hâ fuse ;
Sous l'océan l'odeur du sang frais se diffuse
Rapidement. Nous assistons à tout de près ;
La bête croque les bras et la tête après.
De sa gueule bleue la jambe droite dépasse ;
Tombe un morceau d'épaule qu'un trigle ramasse.
Le requin part déguster l'acteur à l'écart –
Emmanuelle et moi approuvons ce départ.
Nous décidons de cheminer vers notre droite,
Emmanuelle : brasse et moi : crawl.

XXV.

Hemingway au fond du trou

Une étroite
Caverne nous ouvre ses bras plus loin ; aussi,
Nous décidons d'y pénétrer. Mais j'ai grossi :
Ma peau racle le roc. On traverse un mélange
De mazout et de végétaux ; c'est comme l'ange
De la mort qui passe. Tout fait peur là-dedans ;
Les coins sombres, obscurs et noirs sont redondants.
Ce n'est pas de ces lieux où l'on se décontracte –
Je touche Emmanuelle : ô joie ! elle est intacte.
Ce caveau fuselé est fait de clapotis ;
Tout y est étriqué, tout y est aplati.
C'est ici que la noirceur du monde s'entasse
Et c'est là que la douleur des hommes s'amasse.
Même le blanc y est noir, et le vert, le bleu.
Périr dans cette gueule d'ombre semble un jeu
D'enfants. On croise une désmoponge maflue ;
On distingue une adéonelle mamelue.
Puis l'extinction est totale – aussi le jour
Ne pénètre plus.

Commence alors un séjour
Peuplé de nuit pure. On dirait une avalanche
D'anthracite et de goudron, de néant étanche.
Plus nous progressons, moins nous en voyons le bout ;
On ne sait plus si l'on est couché ou debout.
C'est un noir de macadam, de coma, de mine –
De ce noir des tombeaux où grouille la vermine ;
C'est un noir qui à tous les noirs sert d'étalon –
De ce noir des tréfonds où pourrit le galon ;
C'est un noir toujours plus noir et que rien n'arrête –
De ce noir de sang noir dont se vide la bête ;
C'est un noir de cauchemar, qui avale tout –
De ce noir qui ceint le mort épousant son trou ;
C'est un noir de loup, de jaguar, de faon, de mouche –
De ce noir de poudre installé dans la cartouche ;
C'est un noir de kipas, soutanes et tchadors –
De ce noir de la montera des matadors ;
C'est un noir qui renie, c'est un noir qui réfute –
De ce noir de gangrène qui fait qu'on ampute ;
C'est un noir de cosmos, c'est un noir d'univers –
De ce noir de sépulcre où slaloment les vers ;
C'est un noir de folie, c'est un noir de démence –
De ce noir de trou noir sans nulle luminance ;
C'est un noir de profil, de face et de côté –
De ce noir dont tout rayonnement est ôté ;
C'est un noir qui se répand partout et ruisselle –
De ce noir de mica sans aucune étincelle ;
C'est un noir de dessous, c'est un noir de dessus –
De ce noir qui s'installe quand plus rien n'est plus ;
C'est un noir sans soleil, c'est un noir de froidure –
De ce noir abolissant toute procédure ;

C'est un noir sans halo, sans reflet, sans éclat –
De ce noir recouvrant le dos du cancrelat ;
C'est un noir de galaxie éteinte et déserte –
De ce noir dont toute nuit noire est recouverte ;
C'est un noir où les rais lumineux n'entrent pas –
De ce noir de linceul et de dernier repas ;
C'est un noir de crayon, de quartz, de nicotine –
De ce noir de cirage que boit la bottine ;
C'est un noir qui ne fait rien que semer la peur –
De ce noir des chagrins qui nécrosent le cœur ;
C'est un noir contre lequel on ne peut rien faire –
De ce noir d'où de toujours la mort légifère ;
C'est un noir oppressant, c'est un noir incessant –
De ce noir dru des moustaches de Maupassant ;
C'est un noir qui effraie, c'est un noir qui effraye –
De ce noir qui zèbre le ventre de l'abeille ;
C'est un noir de ténèbres et de fonds de puits –
De ce noir qui badigeonne la nuit des nuits ;
C'est un noir qui provient du centre de la Terre –
De ce noir des défunts n'ayant plus qu'à se taire ;
C'est un noir de confins et un noir d'au-delà –
De ce noir de corbeau dont se vêt le mollah ;
C'est un noir d'agapanthe et un noir de carbone –
De ce noir de la suie de celui qui ramone ;
C'est un noir qui s'agglutine, recouvre, enduit –
De ce noir des terreurs de l'enfant à minuit ;
C'est un noir aussi noir que le fond d'une bouche –
De ce noir d'arbre mort qu'on appelle une souche ;
C'est un noir effrayant de soir seul dans les bois –
De ce noir de la nuit quand elle est de la poix ;
C'est un noir qui partout ne cherche qu'à s'étendre –

De ce noir des damnés venus pour nous attendre ;
C'est un noir sans espoir, c'est un noir sans pitié –
De ce noir ignorant l'amour et l'amitié ;
C'est un noir de sépulture et de chambre close –
De ce noir dru des geôles dont nul ne se sauve ;
C'est un noir de cellule, de gnouf, de mitard –
De ce noir de cachot fait pour le communard ;
C'est un noir de schiste, d'onyx, d'obsidienne –
De ce noir des fosses aux punis de Cayenne ;
C'est un noir où il est trop tard pour supplier –
De ce noir des nappes que fait le pétrolier ;
C'est un noir qui est noir comme la mer est bleue –
De ce noir que l'hermine arbore sur sa queue ;
C'est un noir à y découper des confettis –
De ce noir épouvantant les grands, les petits ;
C'est un noir de néant plutôt que de cohue –
De ce noir avalant celui qui hurle ou hue ;
C'est un noir athée, musulman, juif et chrétien –
De ce noir qui régnait dans le cheval troyen ;
C'est un noir privé de bleu, de rouge et de jaune –
De ce noir où seule la couleur noire trône ;
C'est un noir qui au noir peut servir d'étalon –
De ce noir de notre ombre collant au talon ;
C'est un noir qui partout s'infiltre et s'insinue –
De ce noir que le deuil impose à la tenue ;
C'est un noir qui d'être noir n'a jamais assez –
De ce noir dédaignant ce que vous devenez ;
C'est un noir là-devant, c'est un noir là-derrière –
De ce noir des morts laissés seuls au cimetière ;
C'est un noir tellement noir qu'il semble inédit –
De ce noir des oubliettes où l'on croupit ;

C’est un noir mat et pur sans la moindre arabesque –
De ce noir de la peau paraphée par la peste ;
C’est un noir de l’après qui était là avant –
De ce noir du tombeau du Christ se relevant ;
C’est un noir où nul n’avance ni ne recule –
De ce noir des punis enclos dans l’ergastule.
Nous voyons soudain scintiller deux petits yeux ;
Ils ressemblent sous l’eau à un astre des cieux.
Je distingue fort mal une forme comique :
C’est Ernest Hemingway.

Sa dernière mimique
Se dissout dans tout ce noir. Et voilà, c’est fait :
La balle du fusil réussit son effet.
On n’a pas vu la cervelle gicler, à cause
De l’obscurité. Une sorte de viscose
M’a soudainement giflé ainsi qu’un torchon
Mouillé. Devant nous, un minuscule manchon
Paraissant aussi serré qu’une ligature
Proposait un faisceau lumineux de teinture
Jaune vif.

XXVI.

Avec Bruce Lee

On voulait retrouver les couleurs
Des poissons, des coraux, des algues et des fleurs.
Nous étions prêts à rencontrer un autre drame
Sur notre parcours ; car tout homme et toute femme
Revivant ce siècle s'y exposaient. Très blancs,
Deux requins effilés passent, montrant leurs flancs ;
J'essaie tout doucement de caresser leur ventre,
Mais d'autres accourent, dont je deviens le centre.
J'en aperçois autour, au-dessus, au-dessous ;
À gauche, un trésor pirate exhibe ses sous.

Je fixe Emmanuelle et lui adresse un signe ;
Sur ses traits la peur se porte comme un insigne.
Je vais mourir, elle le sait ; dansant en rond,
M'enfermant, les prédateurs, dont aucun ne rompt
Le cercle silencieux, feignent l'indifférence ;
Je m'effraie de leur considérable affluence.
L'un d'eux est moucheté d'un peu de bleu, de vert.
Ils sont si nombreux qu'Emmanuelle se perd
Parmi leur giratoire multitude. Encore
(J'évite de peu une plante carnivore)
Un, et un autre encore…

Un miracle impromptu
Intervient alors : un homme au muscle pointu,
D'Hong Kong – comme Emmanuelle qui, très adroite,
L'a appelé au secours – bondit, jambe droite
Tendue ; avec les gestes de kung-fu qu'il faut
Il frappe toutes ces bêtes de bas en haut.
En moins d'une minute la fête est finie ;
Cette faune méchante est instamment punie.
Je remercie Bruce Lee ; il est agaçant
Car déjà il s'éloigne tout en fracassant
Un corail d'entraînement. Doucement je baise
La main d'Emmanuelle, qui en est fort aise.
Une algue grasse joue des verts qu'elle contient ;
Au vu du nombre de ses tubes, on s'abstient
De les compter ; ils sont de ridicule taille
Et se présentent en touffe, en botte, en bataille ;
Un rien aplatis, étroits là, larges ici,
Ils évoquent, frisés, irréguliers aussi –
Que j'imagine pourrissant dans sa dormance,
Flétri (et que tant de moisissure ensemence),
Dans mon réfrigérateur –, le brin de persil
Que je possède chez moi. Tel un gros sourcil
Rousseâtre, une spongomorpha lanosa touche
La plante de mon pied ; on dirait une bouche
Sans mâchoire ni dents coiffée en Iroquois ;
L'envie me secoue de planter dedans un doigt.
J'enfonce l'index droit au centre de la crête,
Qui crache une salive rouillée. Cette tête
De poupée aveugle et muette n'a pas l'air
De s'apercevoir que ce qui eut lieu à l'air
Libre se rejoue à l'infini sous l'eau.

XXVII.

Pascale, Patrick, Franz, Erwin et les autres

Nue,
Une jeune femme apparaît ; elle est venue
Nous saluer. Elle a de grands yeux, le maintien
Fier et altier ; cela fait on ne sait combien
D'années qu'elle attend, là, sous l'eau, dans la détresse ;
Son regard semble réclamer de la tendresse.
Elle s'approche de nous : son pas est tremblant.
Son allure dit qu'elle ne fait pas semblant
D'être fragile. Elle me sourit – l'air est grave –
D'un sourire qu'un reste de tristesse entrave ;
Je vois qu'Emmanuelle ne la connaît pas.
Pascale Ogier ne progresse qu'à petits pas,
Si légère que son poids, de celui d'une ombre,
N'écrase rien sous lui. Des brosmes en surnombre
L'enveloppent. Elle est vêtue d'un vieux pull noir,
D'un jean délavé ; elle nous voit sans nous voir.
Auprès d'elle, un homme maigre et blanc nous regarde.
Il est en tenue de boxe et maintient sa garde ;
Son crâne est dégarni et son geste peu sûr.
Il a l'air exténué, reculant au fur
Et à mesure que nous avançons. Raidie,

Sa dégaine est celle d'un pantin. Parodie
De combat, sa prestation pue le malheur ;
Il agite ses poings devant son entraîneur
Dépité. Semblable à un acteur de burlesque,
Son poulain exécute un moulinet grotesque
Et manque de flanquer un coup à l'aiglefin
Qui se faufile entre les fucales. Enfin,
Il ôte ses gants dans un rayon de lumière.
Il ramasse un oursin et sort une lanière
De la poche de son short. Un coup de canon
Est étouffé au loin ; semblable à un fanon,
Une gravette se tortille. Patrick cligne
Des yeux et s'enfonce dans la veine une épine
De l'oursin. Son sourire ? Enfantin, radieux.
Un morceau de paradis passe dans ses yeux.
Il pleure mais sous l'eau on ne voit pas les larmes ;
Il va se re-tuer, reviendront les gendarmes.
Il prend un revolver, n'adressant de regards –
Ses regards perdus, ses fameux regards hagards –
À personne. Un petit nuage rouge cuivre
Flotte près de sa tempe trouée ; ne plus vivre
Est son unique souhait. Quatorze cobras
Des mers, très laids, très épais, très longs et très gras,
Commencent à l'attaquer ; surviennent des vives
Qu'intéresse l'agression. Toutes nocives,
Les morsures le tuent ; une dalle en béton
Accueille son corps ; apparaît un grand python
Qui voudrait se nourrir, mais la mêlée riposte.
(Une charybdée congestionnée m'accoste.)
Le corps inanimé est mordu, offensé :
L'appétit de ces animaux est insensé.

Nous offrons à l'acteur une vaine prière
(Un exocet bleu surgit d'une fondrière) ;
Mais Emmanuelle me désigne quelqu'un
D'autre, qui lui aussi a un teint de défunt ;
Il porte une cravate, un gilet couleur crème,
Et un chapeau melon.

Sa blancheur est extrême.
Son visage anguleux n'est fait d'aucun défaut
(Une tong perforée attend sur un tuffeau) ;
Il apprécie qu'Emmanuelle le remarque –
Il est distingué, porte un costume de marque ;
Il est élancé, il est grand, musclé et sec.
On ne risquerait pas de le confondre avec
L'un des aberrants personnages de son œuvre ;
Soulevant son chapeau, il salue une pieuvre.
Le bruit d'une guerre, au loin, parvient, assourdi,
Jusqu'à nous. Kafka joue de sa canne, engourdi ;
Il tousse des bulles, desserrant sa cravate.
Là où nous nous trouvons, il n'y a pas de date,
Et tout est contemporain de tout, pour toujours ;
Il ne fait jamais nuit, il ne fait jamais jour.
Erwin Schrödinger a beau regarder sa montre,
Le temps, ici, se cache et jamais ne se montre.
Au-dessous des flots aussi existe un ressac :
Les événements jamais ne vident leur sac
Complètement, qui, doucement, de proche en proche,
Se déclenchent de nouveau, sortis de la poche
De l'Histoire, toujours dans les mêmes habits,
Advenant mêmement, quoiqu'en plus lents débits –
Tout liquide ralentit toute trajectoire.

Mais les faits s'en moquent. Jouant tout de mémoire,
Ils recommencent pour l'éternité à neuf ;
Tout ce qui s'est passé sur terre de mil neuf
Cent un à deux mil, chaque guerre, chaque drame
Se reproduit, se ranime comme une flamme,
Et ce, sans arrêt – même air, même piano
(Un épinéphèle dépèce un croquenot) ;
Les mêmes faits, perçus depuis le bathyscaphe,
La même histoire, vue par l'océanographe ;
Les mêmes heures qui ne font que se loger
Dans la même horloge d'un unique horloger ;
Les mêmes tragédies du même monde atroce ;
Le même fruit défendu dans la même cosse ;
Les mêmes épopées et les mêmes témoins ;
Les mêmes cataclysmes avec l'air en moins ;
Les mêmes funérailles du même Toulouse-
Lautrec ; la même naissance en 1912
Du même Kim Il Sung ; et le même laurier
Pour le même héros, pour le même guerrier ;
La même lâcheté et le même courage ;
Les mêmes chapitres issus du même ouvrage.
Nous commençons à en avoir un peu assez ;
Livrés à la rouille, d'immenses cuirassés
Gisent parmi tout ce qui se plaît ici, pousse,
Croît et grandit. Leur coque pourrit dans la mousse.

Dehors, de ces fantômes il ne reste rien ;
Les gens sont passés à autre chose ; combien
Se souviennent de Churchill, yeux plissés, qui croque
Son cigare ; de Gandhi et de son pébroque ;
D'Ella Fitzgerald et de sa drôle de voix ;

De Himmler et de ses effroyables convois ;
De Benito Mussolini, qu'on vient de pendre ;
De Mata-Hari lors d'une mission tendre ;
De de Gaulle en 40 face à l'imprévu ;
Du père Marcel Denis, que nul n'a revu ;
De Blondin, Antoine, et son humeur vagabonde ;
De Déat, Doriot, et leur destin immonde ;
De Stravinsky qui boit, de Picasso qui peint ;
De Romy Schneider venue là sans fond de teint ;
De Raymond Chandler, d'Agatha Christie, de Georges
Simenon ; de Dusan Popov, de Richard Sorge ;
De Jacques Demy revenant de Rochefort
Et de Natalie Wood passant par-dessus bord ;
De Christian Ranucci que sa gueule accuse
Et d'Antonioni tournant à Syracuse ;
De Welles et de Brando qui ont toujours faim
Et de Frank Zappa jouant des solos sans fin.
S'avance un chaboisseau ; sa face nous dégoûte.
Son air est morne. Il avale plus qu'il ne goûte
Les petits crustacés semblant pourtant très bons
Qui sont sur son trajet. Ses yeux sont deux bonbons
Noirs. Un faux-trigle maillé soudain se présente.
Son allure est relativement déplaisante :
Replis cutanés, et tel un boxeur le nez
Tout écrasé – replis cutanés et assez
Dentelés sur les bords, en forme d'apostrophe ;
Un bandeau noir, semblable à un morceau d'étoffe,
Paraît cousu sur sa nageoire ; il ne voit pas
Qu'il nous effraie et disparaît en contrebas
(Au même instant, d'un vieux fût éventré, s'échappe
Cette globigérine qu'un sanglier happe)
D'une roche sédimentaire.

XXVIII.

Sourcils de Khomeiny

Tout à coup,
Emmanuelle me désigne – mais beaucoup
Plus loin – une épave vermoulue qui dépasse
D'un massif schisteux. Notre vue est bien trop basse,
Et les eaux trop foncées, pour montrer qui parcourt
Cette habitation où seul un homme court
Sur pattes, un nain ou encore quelque infirme
Peut évoluer. Emmanuelle m'affirme
Néanmoins qu'elle le reconnaît. Front luisant,
Entouré de murènes et l'air méprisant,
Il porte un turban noir. Son allure est torpide
Et ses gestes sont lents. Mon Dieu, suis-je stupide !
Je ne connais que lui. Il nous voit. Le dégoût
Se lit sur ses traits. Son sourcil noir et surtout
Sa barbe blanchie, auxquels il s'agit d'adjoindre
(Un blépharis éberlué paraît me craindre)
Dans le regard un mépris, une haine aussi,
Pour quiconque n'étant pas lui, le rendent si
Facile à caricaturer, que sa grimace –
Pleine de folie et saturée de menace –
Incarne à jamais, bien que d'aspect souffreteux,

Le Mal à l'état pur. Des raies au dos laiteux
Se reposent à ses genoux. Et il se voûte
Et prie. Il n'entretient pas le plus petit doute
Quant à son génie. Une loche léopard
S'emmêle dans les poils de sa barbe et repart.
L'ayatollah nous fixe et son regard se fâche ;
Nous cherchons une grotte ; il faudrait qu'on se cache.
Il nous observe encore. Il nous méprise un peu.
Un seul geste de lui pourrait mettre le feu
À toutes les eaux de l'océan.

XXIX.

Pierre Goldman et son P38

Je recule :
La manière dont je manœuvre – ridicule –
Fait rire Emmanuelle – après quoi le courant
Nous éloignant du vieux satrape de l'Iran,
Nous trimballe, dans une obscurité de tombe
(Une bouvière passe près de moi, en trombe),
Auprès d'un soldat qui dans sa main droite tient
Un P38. Nous suivons ses pas. Il vient
De pénétrer dans un cratère ; fumées blanches
Et nappes de soufre en émanent. Quatre tanches
Suffoquent et se dispersent. Il entre dans
Le gosier de la roche dont les grandes dents
Sont acérées et d'un noir de charbon. La bouche
Caverneuse est habitée. Une large couche
(Une sardine à l'œil éteint, glissant dessous
Ce galet, remue une pièce de cent sous)
De suie salit l'eau. Quelques pièces de monnaie
Jonchent le sol moussu. Une petite haie
D'algues blanchâtres et mouchetées, sentant fort,
Tapissent partout, éparpillées, le rebord.
Un crabe bleu à gueule d'enclume tressaute ;

À notre tour nous entrons. Un vieux garde-côte
Pourrissant exhibe sa dépouille sans poids ;
Ça sent le champignon, la mérule et le bois
Détrempé. Sans prévenir, un épouvantable
Poisson des glaces apparaît. Il est notable
Que son faciès est renfrogné. Le galetas
D'où il a surgi fourmille de mille tas
Gigotant de punaises. Notre homme traverse
Un banc doré de berniques qui tergiverse.
On voit un magasin et il nous semble ouvert.
C'est une pharmacie ; le CIE est recouvert
De bulots, de moules formant une pelade.
La démarche du personnage se saccade.
Il entre et sort son flingue ; un poisson cristallin
Est troué par son tir. Et l'abdomen hyalin,
Translucide, surgonflé d'eau d'une méduse,
Est transpercé à son tour. Puis tombe, percluse
Également, un trou rouge vif sur le blanc
De sa blouse, touchée à mort au bas du flanc,
La pharmacienne numéro un. Amorphe,
La pharmacienne numéro deux, qui offre
La caisse au tueur, essaye un peu de chercher
Le soutien du Seigneur. Qui viendra repêcher
Sa dépouille perforée ? Après le massacre,
L'homme, cagoulé, prend la caisse et part. La nacre
D'une coquille produit un joli reflet.
Le tueur disparaît vers le noir ; un filet
De pêcheur déchiqueté effectue la laide
Danse d'un fantôme. Un esturgeon, blanc et raide,
Secoue sa viande, ignorant que chez le marchand,
Elle vaut tant le kilo. On part sur-le-champ ;

Emmanuelle a la nausée. Ce gros pagure,
Cette écrevisse rouillée, cet épais silure
N'ont manifestement pas, au fond de leurs yeux,
L'expression outrée qui sied au sérieux
De la situation. Effrayée, hagarde,
Une holothurie couleur d'encre se hasarde
Sous un tumulus roux. À ma droite, plus haut,
Un mollusque effectue un léger soubresaut ;
Sa chair est froide, elle est visqueuse, elle est humide.
Enveloppé dans sa coquille, il coïncide
Avec elle. Il a la couleur du parmesan ;
Il contrecarre les attaques en faisant
Bon usage de son bouclier ; la menace
Est perpétuelle parmi la biomasse.
Le moindre petit être est soumis au danger ;
L'instinct n'est inventé que pour se protéger.
Une crampe m'accable au bras qui rend mon geste
Douloureux.

XXX.

De Sir Winston, de Simone Weil et de quelques autres

J'avance avec celui qui me reste.
Mais voilà que nous attend une autre frayeur :
Nous essuyons un tir de fusil-mitrailleur.
Je vois ses petits yeux jaunis qui me font face,
Nous nous dépêchons ; heureusement, il s'encrasse.
Un énorme monsieur qu'on peut à peine voir
A la tête posée contre un vieux réservoir
Rouillé. Pas un instant il ne se préoccupe
De notre présence. Une algue forme une jupe
Autour de sa bedaine ; il tient un domino
Dans sa main lourde – ou un jeton de casino.
Il remue doucement sa scintillante tête,
Tenant entre ses lèvres une énorme arête
Qu'il essaie de fumer, les linges vermoulus,
Comme un de ces obèses cigares joufflus
Qui firent sa légende. Une jaune luisance
Éclaire son chapeau ; Churchill nie la présence
D'un squale bouclé à l'omoplate oscillant –
L'allure est aplatie, le museau est brillant ;
Les yeux sont très petits et se teintent de rouge.
Six anguilles bécasses sortant d'une douve

S'enroulent autour du cou et autour des bras
De Marlène Dietrich ; bientôt, d'un galetas
S'échappent deux poutassous. Ici, quelque chose
Se trémousse ; il s'agit d'un aphane qui pose
Ses œufs sur une gueule-de-loup. Et puis, dans
La vase verdâtre et brune, couleur de dents
Imbrossées, un pilote au regard impassible –
Son P38 gît au fond – qui fut la cible
De l'ennemi, grave avec une huître qu'il a
Pu prélever sur un banc qui se trouvait là
La tête d'un enfant.

Saint-Exupéry, sombre,
Est épié par ce gros ompok qui l'obombre.
Un *staff sergeant* en chemise de laine rit ;
Un cosaque à papakha pense à Jésus-Christ ;
Un matelot en vareuse écrit à sa femme ;
Un *Schütze* de la *Hitlerjugend* prend sa came ;
Un maquisard érythréen implore un dieu
Que nous ne connaissons pas. Là, au beau milieu
Des mundoures qui l'entourent, un captain ouvre
Une boîte à sardines rouillée ; d'une douve
Sortent un cécrops, un orgeu, un jaim et deux
Équules – et je n'oublie pas les autres, ceux
Qui, hagards, secoués drôlement d'un gros rire
Affreux, marchent blessés en claudiquant. L'un tire
Par la jambe un cadavre à tête de gamin ;
Un autre – il semble sapeur – se fraye un chemin
À travers les tricladies ; par chance, il évite
Une touille énervée au regard de graphite.
Tel gurkha en Bombay bloomers couleur de noix,

Tel *trooper* à Browning tueur de villageois ;
Telle tireuse d'élite à la trogne rousse ;
Tel *warrant officer* venu à la rescousse
D'un GI en tenue de popeline qui
S'est fait mordre par un tamoata kaki ;
Tel moudjahidine qu'un québot irascible
Vient de percuter, le prenant pour une cible ;
Tel SAS australien dont un œil sort
De son orbite et qui livre un ultime effort
Contre un uvaure (son bras gauche se sépare
Du reste de son corps) ; et tel qui se prépare –
Pâle officier nippon qu'un soëf poursuit –
À jouer d'un sabre dont la tranche reluit ;
Et tel tankiste sans bras, l'allure empotée ;
Et tel matelot dont une botte est portée
Par le moignon de son mollet donnant un coup
De tête à un uronème à gueule de loup ;
Et tel *Oberleutnant*, flanqué de sa brigade,
Qui en blouson de cuir déguste une brandade ;
Et tel fantassin allemand serrant les doigts
Sur sa Maxim MG08 (Munichois,
Il a vingt-cinq ans, porte shako : sa prestance
Est naturelle – il avance avec nonchalance,
L'allure raide et ahurie d'un mannequin,
En direction d'un effroyable requin) ;
Et tel *Gefreiter* qui rampe dans la pénombre
Parmi les dangereux xiphias en surnombre ;
Et tel sepoy portant comme on porte un collier
Deux porte-chargeurs en cuir – d'un vieux pétrolier
L'observe un maquisard au regard fort peu tendre ;
Et tel viêt-cong aux pieds nus qui paraît attendre

Un compagnon de combat touché en plein front ;
Et tel guérillero dont le cœur s'interrompt ;
Et tel goumier marocain dont le sang frais tache
Le turban qui lui confère l'air d'un apache ;
Et tel amiral hagard au bras mutilé
Que guette un perce-rat au faciès effilé ;
Et tel sergent finlandais qui se traîne et boite,
Tandis qu'un ombilic étreint son omoplate ;
Et tel *squadron leader* qui va, cicatrisant
Mal et qui ne se doute pas du déplaisant
Sort qui l'attend (quand Emmanuelle lui montre
Le gonoplax géant venant à sa rencontre,
Il l'envisage avec un regard de drogué) ;
Et tel *ensign* au couteau non homologué
Transperçant un boulerot au mouvement ample ;
Et tel *Fallschirmjäger* dont le squelette tremble :
Tous sont venus assister au combat, et voir
Sur le ring deux hommes boxer sans s'émouvoir :

À ma droite Cerdan, qui révise sa poigne,
À ma gauche Raadik, dont la moue témoigne
D'une envie de tuer – il frappe un trémédor
Qui aurait pu lui expédier dans le corps
Une décharge électrique, attrape sa queue
Et le fait tournoyer à travers la boue bleue.
Un homme chapeauté brandissant son pétard
Court entre les coraux : à bord d'une Panhard,
Deux complices l'attendent ; mais soudain sa bouche
Se vrille de douleur – sa dernière cartouche
Censée percer le crâne (en passant par le nez,
Ou l'œil, ou la tempe ou le front – mais c'est assez !)

D'un bijoutier le troue lui-même ; le pois chiche
Brûlant qui fend sa vessie fait choir son postiche
Avec lenteur après un léger soubresaut,
Effrayant six soclets, dix tangs, un cabillaud,
Trois kabans, neuf oblades et une autre bête ;
Son patronyme exact ne requiert pas d'enquête :
Il s'agit de Loutrel, prénom Pierre – un rocher
Accueille son agonie. Là, il va tâcher
De trouver la paix. Un mégalithe l'écrase,
Faisant de son illustre passé table rase.
Nous regardons des turbots luminescents fuir ;
Trois merlus hébétés semblent se réjouir :
Un banc de plancton frais autour d'eux s'aventure ;
Emmanuelle se plaint d'une courbature.
Six crustacés arpentent les fonds violets –
Leurs pinces paraissent adorer nos mollets.

*

Simone Weil nettoie ses lunettes, la veste
Recouverte de sédiments ; sur son col reste
Accrochée une ulve mise là pour garnir
Son allure en lambeaux. Nous la voyons tenir
Une Bible dans ses mains. Survient une bande
De flets hagards, une squille, et puis une grande
Hamite aux mouvements très, très, très réguliers ;
J'avise un homme qui complaît aux écoliers :
Il est petit, joufflu – son sourire est énorme ;
Je le trouve ragaillardi, plutôt en forme.
C'est René Goscinny. Lançant un bras en l'air,

Il nous salue. Il porte un costume bleu clair,
Une cravate jaune vif ; dans une coque
(Là, devant nous, une sagamie nous provoque)
De hors-bord il a conçu son bureau. Coiffé
D'un casque gaulois, le sourcil ébouriffé,
Il tape à la machine, mine réjouie ;
Nous lui trouvons l'allure fort épanouie.
Sur une huître géante il se tient à cheval.
Riant parfois d'un de ses gags, un vieux journal
Détrempé à la main – ses yeux sont des agates –,
Claire Bretécher, rêvant, traîne des savates ;
Elle achève un dessin où un homme battu
Par sa femme regrette d'avoir combattu
Aux côtés du M.L.F. On trouve à sa gauche,
Accroché à son bras, qui sourit et chevauche
Un rorqual grenat à sourire de brochet,
Son ami Gotlib qui aime à jouer au cochet.
Je reconnais le grand dadais qu'il interpelle
À l'aide d'une bulle : achevant l'aquarelle
Que son ami Wolinski l'aide à abréger,
Cabu, que nous avons crainte de déranger,
Nous salue de loin, de sa grande main agile
Qui sait si bien croquer, d'un geste si facile,
Les trognes des mundoures disposés en rang.
Parmi les halobies, intriguant un trépang,
Un panneau routier sur lequel glisse une lotte
Indique « Villeblevin » ; en sang, le pilote
De la Facel Vega HK 500 goudron
Qui s'enfonce doucement dans les fonds marron,
Nous demande de l'aide. Dans l'auto, à droite,
Devant, à la place du mort, par une étroite

Embrasure, apparaît le passager, le col
De son pardessus relevé. Un Espagnol ?
Un Marocain ? – Un étranger.

Mais au deuxième
Coup d'œil je le reconnais : ce visage blême
Est celui d'Albert Camus. Il a *Le Premier*
Homme en manuscrit dans sa sacoche, dernier
Roman qu'il écrira (une lingue l'effleure).
Il regarde sa montre ne donnant plus l'heure.
Non loin de là la Callas rit en maillot, qui
Contemple la copulation, l'œil conquis,
D'un affreux kisit et d'une teuthe pucelle.
Elle passe sa main sur le mollet, l'aisselle –
Le barbu auprès d'elle nous toise de haut.
Un moustachu myope apparaît aussitôt ;
Il a le cheveu fin, du rose sur la joue,
Et quand il toussote sa nuque se secoue.
Nous ignorons ce qu'il fait dans ce prisme noir ;
C'est Léon Blum lui-même et en plein désespoir.
Un ténébreux kashoue s'en va, revient, se frotte
Contre son veston où frénétiquement trotte
Une armée de bêtes dont je ne connais pas
Le nom. Ces petits animaux ont mille bras.
Auprès du socialiste un grand cactus d'eau pousse.
Sur sa tempe bleutée : une tache un peu rousse.
Je reconnais Jaurès, Mendès France et aussi
Mitterrand : ils sont là, dans un courant noirci
Par une nappe de pétrole lourde et flasque ;
Guy Mollet, prudent, a pris soin de mettre un masque.
L'eau polluée forme un affreux précipité.

Sous un sac en plastique bleu s'est abrité
Briand. Le liquide se propage par couche ;
Nous préférons progresser en fermant la bouche.
J'ai la sensation de nager à rebours,
Qu'un courant monstrueux nous happe ; sans recours
Autre que celui de s'agripper à la croupe
D'une statue équestre sur laquelle un groupe
De lippistes élit domicile – la main
D'Emmanuelle serre fortement ma main –,
Je prie pour ne pas être aspiré. Je regarde
Alentour : tout turbule.

XXXI.

Dans le sillage du Che

J'aperçois un garde
Du corps muni d'une oreillette. L'action
A lieu à vive allure ; j'ai l'impression
Qu'il s'agit d'un attentat. Frôlant nos oreilles
Une balle opère quelques vrilles pareilles
À la danse d'un frelon mouillé ; tout devant
Nous, Reagan, coi, effectue un salto avant.
Ce n'est qu'une minute après qu'il se redresse ;
Un ura passe et un gras ompok le caresse.
J'en ai un peu assez. J'ai besoin de repos.
Une immense ténagode tombe à propos.
À Emmanuelle aussitôt je la désigne,
Exécutant pour cela un très simple signe
De la main. Enfin il va y avoir moyen
De nous abandonner à une sieste bien
Méritée.

L'intérieur est obscur et j'entre
Le premier. On se croirait dedans un gros ventre.
Emmanuelle me suit, mais à reculons.
On espère la mort ailleurs qu'à nos talons.

Je trébuche contre un squelette de sirène ;
On a l'impression d'être au cœur d'une arène.
D'horribles silhouettes s'approchent fort près
De nous. Malheureusement, sans le faire exprès,
Je dérange une léachie d'immense taille
Et un oscabrion à la couleur de paille.
Nous nous apercevons que notre souffle est court ;
Le long de notre échine, un affreux spasme court.
On avance, doucement, on va, on s'enfonce.
Je manque de glisser sur une pierre ponce.
On ne sait bientôt plus si l'on monte ou descend ;
Des yeux nous scrutent. Des ventouses, en passant,
Nous palpent, nous tâtent, nous tètent. Les ruades
Que nous sentons, à nos côtés ? Des camarades
De combat qui passent la nuit là. Au-dehors,
On devine des luttes. Nous devons, dès lors,
Rester à l'abri en attendant que se fasse –
Emmanuelle et moi craignons le face-à-face –
La paix.

Nous progressons à tâtons jusqu'au bout
D'un pharynx géant ; nul ne peut tenir debout
En cette glotte. Violente, une poussée
Nous plaque contre une paroi. Éclaboussée
Par un quatre-dents dont l'irruption survient
En même temps que celle d'un apus. Parvient
Jusqu'à nous une onde qui remue mer et terre ;
Un crâneur à cigare et tenue militaire
S'approche de notre duo ; il fait du plat
À Emmanuelle fascinée par l'éclat
De ses galons. Il lui demande de le suivre.

Jaillissant alors d'une citerne de cuivre
Où je m'étais tapi, je gravis un sommet
De cailloux phosphorescents. Je lui dis : « Jamais
Vous ne nous séparerez. Cherchez dans la foule
Subaquatique une autre amie. Qui sait, la houle
Charrie parfois des chéries à la hanche, au rein
(Un épaulard, au loin, zigzague avec entrain),
Au cul parfaits. Ne soyez donc pas ridicule :
Laissez mon égérie. » Il rit et je recule.
Il appelle ses requins. Il se veut viril,
Mais cela ne prend pas. Regardé de profil,
On dirait un adolescent qui fait la moue.
Les poils de la barbe sont épars sur sa joue.
Envie de le gronder comme on gronde un merdeux.
Il joue au guérillero, le geste hasardeux.
Il n'effraie personne. Je lui dis, d'homme à homme,
Même s'il n'entend pas : « Je sais que sur l'album
Du 20e siècle, vous comptez parmi les grands.
Mais je vous ai rangé parmi les figurants. »
(Un sagre et une centrine nagent ensemble
Depuis si longtemps que l'un à l'autre ressemble.)
Il veut Emmanuelle contre un lingot d'or.
Castro est-il son idole ou bien son mentor ?
Che Guevara dégage un charme monotone ;
Tandis qu'avec précaution il déboutonne
La veste de son treillis, le « justicier »
Sourit à mon amie, pensant que le dossier
N'est point tout à fait refermé, et qu'elle est libre.
Je vais pour le boxer mais je perds l'équilibre,
Trébuchant sur une squille ou sur un caillou.
Je m'écorche ridiculement le genou.

Le matamore éclate d'un gros rire obèse ;
Je lui jette au visage une poignée de glaise.
Le soi-disant héros ne court que des jupons
Et franchement peu de risques. Ses airs poupons
Trahissent un tel infantilisme qu'il saute
Immédiatement aux yeux. Quant à la haute
Fonction qu'il occupe, décoré de croix
De pacotille – « commandante » hors le droit –,
Elle n'impressionne que son entourage.
Nous l'abandonnons.

XXXII.

Les aventures du baron Empain

Brusquement s'ouvre un passage,
Alors, éclairant le noir complet. Un pilier
Se dresse devant nous. En train de supplier,
Un homme y est menotté ; une baleinelle
S'intéresse à lui, l'intention criminelle.
Elle s'amuse avec lui, en fait son joujou,
L'éclaboussant par son évent. Un carcajou
(Soudainement, un énorme gastéropode
Vient procréer, usant d'une étrange méthode)
Marin, intéressé à son tour, se rue sur
Le malheureux, désormais pratiquement sûr
De se faire avaler par quelqu'un.

Son visage
Ne m'est pas inconnu. Je me souviens qu'à l'âge
De dix ans, consultant le docteur pour ma toux,
Je vis dans sa salle d'attente – entre deux coups
Sur la tête donnés par ma mère (une sorte
De salope qu'il faudrait un jour qu'on déporte
Sur un astre désolé ou au fond des bois)
Parce que j'incommodais les gens – deux ou trois

Revues, magazines qui faisaient la part belle
À son enlèvement – c'était à La Chapelle-
Saint-Mesmin, si l'on veut être vraiment précis,
Que le cabinet du médecin était sis.
Au lieu de me plonger dans « Sylvain et Sylvette »,
Ou encore dans « Fripounet et Marisette » –
Deux séries que l'on retrouvait dans *Fripounet*,
Où les personnages arboraient le bonnet –,
Je m'étais arrogé, le regard matricide,
Le droit de m'emparer – d'un geste très rapide –
Du *Paris-Match* qu'un verdâtre vieil entubé
Avait projet de feuilleter. Mais le pépé
Fut moins vif que je ne l'avais été – sa hanche,
Douloureuse, l'avait freiné : *France-dimanche*
Serait, par suite, l'option sur laquelle, air
Fâché, œil rancunier, teint de plus en plus vert,
Il allait piteusement devoir se rabattre.
Je me précipitai sur la page vingt-quatre,
Arborant un visage fier et triomphal.
On y narrait avec un soin phénoménal
Le martyre enduré par un type à l'air boche
Qu'on appelait « le baron Empain ». Une poche
Sous l'œil, le cheveu hérissé, seul, sans recours,
Les mains liées dans une cave, sans secours,
Il avait perdu dix kilos. Sa tête ronde
Était devenue un faciès de punk immonde ;
On devinait des contusions sur ses bras –
Des bras fins et maigres, sans un gramme de gras.
Dans son regard hagard plus la moindre étincelle
D'espoir ; il semble hébété. Dessous son aisselle
Passe une corde. Une expression de douleur

Sourde s'imprime sur ses traits – mais au malheur,
A fini par succéder une grande joie :
Il fut libéré, sauvé, empruntant la voie
D'une autre vie.

Nous le retrouvons ici, mis
De nouveau au supplice. « Mais qu'a-t-il commis ? »
Demande Emmanuelle, la gorge serrée.
Le baron nous regarde, la mine éthérée.
Les vivants sont fort rares qui passent sous l'eau
Autant de temps, et notamment dans ce morceau
Presque inconnu de l'océan. Il a la trouille
Que nous faisions partie d'une horrible patrouille
Venue pour le torturer. Sa rétention
Le rend paranoïaque ; avec précaution
Nous essayons de communiquer. Un seul geste
Un peu brusque, un seul mouvement un peu trop leste
Risque d'affoler le cœur qui, sous son poitrail
Torturé affreusement par le lent travail
D'outils méchants, pourrait s'arrêter. Une houle
Fâchée bouleverse le décor. Et déboule,
À l'instant même où nous nous étions apprêtés
À tirer le baron de là, de tous côtés,
Une horde de grands ombles – et, à sa tête,
Un trio d'uranoclons qui lui font la fête.
Il fait froid.

XXXIII.

Présence de Darlan

Nous choisissons de suivre aussitôt
Une urée qui semble, longeant d'un vieux bateau
La coque fissurée, savoir (à la manière
Dont elle avance sans hésiter dans l'ornière
Où nous nous trouvons – à hauteur de Gibraltar ?)
Comment regagner la sortie. Un grand calmar
A d'ailleurs la même idée que nous. Blotti contre
Emmanuelle, il suit (jusqu'à ce qu'il rencontre
Un xanxus excité taché de gris, de bleu,
De vert et de marron, du même noir qu'un pneu,
Et qui – mille fois hélas ! – lâche la rascasse
Qu'il retenait au fond de sa gueule) et pourchasse
Avec appétit le malheureux. Il le prend
Violemment par un bras. Là, commence un grand
Duel. Une vraie rixe. On n'en voit de pareilles
Que dessous les eaux : lentes, laissant les oreilles
Tranquilles. Nous aimerions porter des bandeaux
Sur les yeux plutôt que de voir ça. Un bordeaux
Vieux de cent ans gît là, couvé par une raie ;
Nous le débouchons. Miracle ! C'est une vraie
Surprise : il est bon. Passent sous nos deux mentons :

Un abadiva ; deux bagres et quatre thons ;
Trois athérines ; six corbs ; près d'un sarcophage,
Huit notacanthes ; un pelecus (l'œsophage
Est boursouflé) ; trois pélates dont l'un est sans
Tête ; deux beaux pèlerins au regard puissant ;
Dix pentapodes à l'allure fantaisiste ;
Onze ferrats dont deux sont affublés d'un kyste ;
Vingt gélasimes à l'air très entreprenant ;
Neuf eurypharynx qui avancent en tournant ;
Quatre-vingt-dix-huit saumoneaux venant rejoindre
Un difforme inia qui est en train de poindre ;
Un couple de ranines ; un salanx, serti
De parasites cristallins, tout droit sorti
De sa cachette ombreuse (il est oblong, la mine
Mauvaise et chagrinée – sans doute la famine) ;
Un agglomérat de séphens cherchant en vain
Leur mère mangée ; six favus ayant très faim,
Eux aussi. Suit, plus lentement : une poignée
De conchœsies à la trajectoire soignée ;
Une bande d'apsettes d'aspect un peu gras ;
Un clan de racovitzanus qu'il ne faut pas –
C'est plus sûr – approcher ; derrière eux une harde
De très hideux stalix n'avance pas, s'attarde.
Lui succède, la presse, la colle et puis la
Stresse (et puis l'oppresse aussi – tout le tralala)
Un gang composé de sangsues à collerette.

Cette armada de choses nageuses, distraite,
Se dirige vers un petit homme que rien,
Hormis son képi, son tropisme hitlérien,
Ses beaux galons d'amiral, son rictus de hyène

Et son regard bleu d'acier ou de méthylène,
Ne distingue d'un autre être humain. Son manteau
Est percé d'un trou comme en est percée sa peau.
Il s'agit de Darlan, dont le regard se baisse
Quand il croise le nôtre. Et voilà qu'il s'affaisse
Le long d'un gros caillou couvert de mousse et rond ;
Une pâleur de spectre glisse sur son front.
Il semble à présent pris d'une brusque secousse ;
Approximativement, d'un geste du pouce
Il rattrape son képi d'où sort, gros, bombé,
Livide et boursouflé, un coilia bébé.
Juste au-dessus de nous, sur le flot qui se fonce,
On entend des tirs, mais qui restent sans réponse.
Un cuirassé est en train de couler devant
Nous. Le mot *Bretagne*, dessus, est émouvant ;
Sous nos yeux nage une tête décapitée,
Un torse calciné danse à notre portée.
Nous assistons, par le dessous, cois et pantois
Au triste épisode (qui nous laisse sans voix)
De Mers el-Kébir. On voit qui tombent, en foule,
Dans le mazout brûlant où s'enflamme la houle,
Des marins défigurés, morts ou sous le choc,
Dont quelques-uns, paniqués, s'agrippent au foc
D'un vieux voilier en morceaux en train de se faire
Envahir par des zostères aux yeux de verre.
L'amiral, soixante ans, a l'air beaucoup plus vieux ;
Des Résistants fusillés dansent sous ses yeux
Vides et morts. Mécaniquement il attache
Un squale énorme à la stange d'une ancre. Il mâche
Des dulses comme on chiquerait du tabac. Plein
De pétrole bouillant, sorte de ripolin

Des enfers, qui dégouline sur sa figure,
Il tente par un crachat d'atteindre un pagure.
Une oblade s'enfonce dans la poix ; le suit
Une palinure. Tel brochet du Nil fuit.
Les marins continuent de brûler dans l'eau chaude ;
L'un d'eux, carbonisé, est couleur émeraude.

Un pachyderme s'approche qui nous surprend –
Il a de petits yeux et un gros nez qui pend.
Un léger mépris résume son attitude ;
Très grand, il se situe à certaine altitude.
Il apparaît un peu pataud dans ses habits
De général. Darlan montre alors de subits
Tics de visage quand il l'aperçoit (les ailes
Du nez frétillent) ; on imagine par quelles
Sensations il passe – de Gaulle n'a pas
Le moindre regard pour l'amiral. Six cobras
Des mers font leur apparition. L'un s'accole
Au bras de l'homme dont on apprend à l'école
Qu'il a hissé l'honneur de la France au plus haut –
D'où ces mimiques et ces airs de vieux cabot.
Des bâtiments s'enfoncent dans les eaux. Un homme
Affreusement calciné s'agite en vain comme
La particule en mouvement brownien. Sec,
Le Général tourne sa longue tête avec
Mépris.

XXXIV.

Sartre est là

Dans sa direction, cheveux en crête
(Ce labéobarbus pond sur un vieux squelette),
Un farfadet nain entouré de plusieurs
Milliers de feuillets ignore les torpilleurs
Et, très concentré, de manière continue
Écrit, dans une calligraphie biscornue,
Des pages qu'il paraît produire en moins de deux
(Le labéobarbus a pondu deux cents œufs) ;
L'un de ses yeux ne nous regarde pas en face.
Chaque mot qu'il écrit hélas ici s'efface.
Il s'en moque et, rédigeant à jet continu,
Mille pensées – d'un trait extrêmement menu –
Sur des feuilles qui partent en lambeaux, il semble
On ne peut plus heureux.

C'est très souvent qu'il tremble :
Il abuse d'amphétamines de cheval.
Ses pages remplies atteignent le littoral
Au hasard des courants. La mer sur ses épaules,
Il aligne les idées au large des môles.
Son teint est blême – c'est un vrai teint de caveau ;

Il a l'air vraiment concentré sur son nouveau
Roman : une suite à *La Nausée* ? À sa droite,
Une squille se trémousse, elle qui convoite
Le cartable de cuir usé de ce pisseur
De copie passablement surexcité. Cœur
Battant, nous décidons, malgré l'heure qui tarde,
D'aller discuter avec « Poulou » ; furibarde,
Sa main calligraphie dans tous les sens ; ce, tant
À gauche qu'à droite, qu'en haut qu'en bas.

Portant
Peu d'attention à nous, voilà qu'il s'écarte
Brusquement de son manuscrit, prend une tarte
Aux oronces, un gin tonic et met le point
Final à son roman. Nous voyons un pingouin
Slalomer dans l'eau mauve. Un vieux stylo à bille
Dans la main, l'écrivain fixe un peu cette fille
Qui m'accompagne, puis commence, l'air de rien,
Un nouveau volume – lequel si tout va bien,
Devrait révolutionner littérature
Et philosophie, opérant une rupture
Avec tous les ouvrages jusque-là conçus.
À cet instant un fusus lui grimpe dessus.
L'œuvre du génie devant nous se désagrège
À mesure qu'il la produit. Sa veste beige,
Sa pipe, ses deux yeux regardant de travers…
Il a le rictus de qui sourit à l'envers,
Manifestant que nous le dérangeons. De blanches
Méduses se glissent doucement dans les manches
De sa veste – ça semble le laisser assez
De marbre. Il doit avoir un verre dans le nez

Car il écrit à présent dans le vide et puise
Dans un imaginaire encrier. La banquise
Qui fond au-dessus de sa tête, le Castor
Qui vient de nouveau solliciter son accord
Pour une pétition et la langoustine
Qui tournicote (et la moule qui s'agglutine
Sur la monture de ses lunettes) : tout ça,
Tout ce qui vibre et vit alentour de lui n'a
Aucune espèce d'importance et ne le touche
Pas. Seule « l'œuvre » l'occupe. Sous une souche,
Un laktak aux reflets bleus dort, l'air affaibli.
Sartre ne voit rien ; de sa tâche il est empli
Jusqu'au cou. Il ne remarque pas la semelle
Moisie qui se décompose sous ses yeux. Elle
Appartenait au soulier de Bloy, tout tassé
Dans un recoin hideux, près d'une croix, lassé
De sa vie sous-marine. Son regard se tourne
Vers un ciel qui n'existe pas.

XXXV.

Colère de Bloy

« Si je séjourne
Ici, semble-t-il dire, de coin en recoin,
Si loin de Notre Seigneur Jésus-Christ, si loin
De tout, c'est parce que je ne suis pas de taille
À affronter sa miséricorde. Qu'on aille
Au Diable voir si je m'y trouve. Il est l'auteur
De nos jours. Nous ne sommes pas à sa hauteur.
Sous de lourdes masses d'eau je courbe l'échine.
De l'océan Pacifique à la mer de Chine,
Je mendie en pleurant dans les pires décors.
Je chéris les âmes et je maudis les corps !
Le Ciel ne voudrait pas de mes grosses joues flasques :
Je vais errer sous l'eau, perdu dans les bourrasques.
Ce ne sont pas des thons qu'attrapent mes chaluts,
Mais des larmes de pierre ignorant les saluts
Promis à ceux qui ont prié dans l'attitude
Des humbles et qui, moqués par la multitude,
Sans rien, sans pain, sans vin, sans toit, sans vêtements,
N'ont eu de seul logis que leurs entêtements.
Maintenant, installé sous les lianes souples
D'un arbre qui a coulé, et que deux chaloupes

Jouxtent, je lis la Bible et je resterai là
Jusqu'à ce que je recueille de l'au-delà
Un geste, une main qui, me prenant par la nuque,
M'emporterait loin des oursins, de la fétuque,
Des fusus et des drogons – que l'on reconnaît
À leur regard aveugle, à leurs yeux japonais,
À leur corne magenta, à leur air funeste,
À leurs nageoires noires et à cette veste
Jaune d'œuf qu'ils ont l'air de porter.

Ô Très Cher
Seigneur, dont j'ai bu le sang et goûté la chair,
Arrache-moi aux flots, m'agrippant par la patte,
Comme on le fait d'une grenouille qu'on appâte !
Viens mon Christ, aidé d'un ange à l'épée d'acier !
Viens me dénoyer, me soustraire au carnassier
Peuple des eaux, avec ces formes travesties
En caillou, en fleur, et ces ombres converties
En silence, mais qui, dès que tu tends le bras,
Montrent ce qu'elles sont : des dents pour le repas.
Soustrais-moi vite à cette houle furibonde,
Je t'en supplie ! Cette aquatique catacombe
Me flétrit davantage que ceux qui, là-haut,
Sur le sol, sur la terre ferme, eurent, tantôt,
Le très constant projet, aggravé de leur rire,
D'essayer de m'exterminer. Je voudrais frire
En Enfer, Seigneur, cuisant au feu des proscrits,
Plutôt que de rester sous les cieux assombris
De l'océan sans fin, sans début, sans limite.
Qu'on me plonge avec les damnés dans la marmite !
Mais je supplie ton bras lumineux, et tes doigts

Neigeux, prodigieux Fils de Dieu – dont le poids
Aux cieux est celui de l'anémone qui tremble
Ici sous les eaux –, je supplie, mes mains ensemble
Collées par la prière vers ton épineux
Front, je supplie ce bras, ces doigts majestueux
De me soulever de mer !

Je veux disparaître
De ces salins simouns, et qu'un recoin – peut-être
Moins qu'un cela : un trou, même à rat, car là-haut,
En paradis, toute bête, et le surmulot
En est une, jouit d'un morceau de pelouse
Où il peut éternellement, avec épouse
Et enfants, se reposer – me soit jusqu'au bout
Du temps réservé. Ton corps torturé est tout
Pour moi. Le sel de la terre, que dans la braise
De ton Sermon sur la montagne et la fournaise
D'autres Discours tu évoquas sans un papier
Sous les yeux, me parle – je puis m'estropier
Une première jambe, une seconde jambe,
Plutôt que d'exagérer – plus qu'un dithyrambe
Sur le sel de la mer. »

*

« Je pense à toi souvent.
Je voudrais tant que toi aussi, en te levant,
Ouvrant de l'espace et du temps le grand couvercle,
Posant sur ta tête douce dorée ton cercle
D'épines, tu convoques, au sommet de l'air,

Le souvenir de ton adorateur à l'air
Guenilleux. Regarde la verrue sur ma joue.
C'est une sangsue qui me suçant le sang joue.
Dans ton royaume aucun archange ne connaît
Le bitubulite, la squille à bâtonnet,
L'holothurie bleue, le lobote sans arête,
Le pimélode, l'odontostome sans tête,
Le paralépis brun, le ptéroïs guépard,
Le wang-yu sans yeux, le limule roux renard,
Le glyphocrangon sourd avançant par saccades,
Le saumon katangais remontant les cascades
En couinant, la soëf tatouée à l'endroit
De son opercule d'une empreinte de doigt.
Je préfère un moineau, je préfère un rapace
À un saumon, un thon, un loup, une rascasse.
Vive qui vole ! Et à bas qui va s'engloutir
Dessous ces gadouilleux bassins ! Fais-moi sortir,
Ô puissant Fils de Marie. Oui à la pie blanche
Et non au requin jaune ! Le geai sur sa branche
Me plaît ; mais pas la fétuque flottante sur
Son morceau de rocher. L'hirondelle, bien sûr,
L'urubu, la perdrix, la caille forestière,
Le perroquet, la grue, la mouette côtière,
Le milan, le canard et le héron debout,
Le pigeon de Paris provoquant le dégoût,
Mais pas – par pitié ! – le lépidope et sa touffe,
Ni l'horrible pageau vomissant ce qu'il bouffe.
J'échange, ô Enfant de l'hostie, ta quantité
D'êtres à plumes contre tout le comité
À branchies qui m'entoure et dont les si grotesques
Déambulations n'ont, dans tes gigantesques

Sphères, nul équivalent. Admets qu'elles ont
L'air idiot – toujours à portée d'hameçon –,
Ces fourbes entités aux formes indécises !

Moi, Bloy, Léon, Henri, Marie, dont les incises
Seront parvenues, je crois, à trouer la peau
D'éléphant de tel ou tel notable à chapeau ;
Moi, qui me suis ruiné à faire le siège
Des scélérats bureaux capitonnés de liège ;
Moi qui t'aurai fait cadeau, pris dans une si
Grande misère, de mon fils André aussi
Bien que de mon fils Pierre ; voici que j'escompte,
Abandonné sous ces flots dont nul ne remonte,
Que tu me rendes, telle une case à cocher,
Les grâces et les pleurs offerts à ton clocher
Du temps que – ne sachant point nager – il me semble
Que j'avais tout l'air d'un terrestre qui ressemble
À un terrestre. Aujourd'hui, j'ai l'air d'un pierrot
Lunaire, le teint mort.

Ici le moindre rot
Se traduit par des bulles et mon écriture,
Autrefois si joliment carrée, sans rature,
Ressemble, imbibée d'eau, à celle d'un nouveau-
Né. Vais-je passer ma vie dedans ce caveau ?
Je ne suis pas marin et ne suis pas de taille
À livrer sous l'océan une autre bataille.
Ma vie sur le sol fut le pire des combats ;
Ne me fais pas recommencer le haut en bas,
Ô Christ crucifié ! Ma foi intérieure
Te reste garantie, mais fais-moi tout à l'heure,

De la façon que tu voudras, un signe, ici.
Mon courage chaque jour se voit rétréci ;
Mais l'espoir placé en ta céleste justice
Me maintient, depuis le gouffre et depuis l'abysse,
Dans une santé qui, ne pétant pas le feu,
Me permet, ô Seigneur, encore un petit peu
De louer ta bonté. Sache que l'eau bénite
Me convient mieux que l'eau salée ! Le sel irrite
Le vieux cuir de ma vieille peau, ce vieux cuir dur
Tanné par des années à te contempler sur
Cette Croix, rendant grâce à ta figure blanche,
Aux trous sur tes deux mains et au trou sur ta hanche.
Ici, vois, regarde ! Je suis un prisonnier
Qui mute tout doucement en un poissonnier.
Sur la terre je te sentais tellement proche ;
Sur la terre on voit le ciel, le regard s'accroche
Aux étoiles. On se dit : "Notre Christ est là."
Sous la mer, on voit les pieds des nageurs. Voilà.
On aperçoit çà et là un bidon qui flotte,
Un petit enfant sur sa bouée, qui gigote,
Un surmulot noyé, un morceau de carton,
Une boîte rouillée, un cul de caneton,
Des tongs dépareillées, des extraits de tinettes,
Des sandales trouées, des couverts de dinettes,
Des gobelets en plastique, des oiseaux morts,
La quille des voiliers, le moteur des hors-bord,
Des déjections dont je te laisse seul juge,
Des pollutions qui annoncent le déluge,
Des nappes de pétrole, des agglomérats
De substances louches, des cadavres de rats,
Des pommes pourries, une capote éventrée,

Des résidus de couches, une bouée percée,
Une vieille brosse à dents, un rasoir à main,
Un paquet de Camel, un tampon féminin,
Un sachet de bonbons qui doucement s'éloigne,
Un bouchon d'Évian, le quart d'une lasagne,
L'emballage abîmé d'un produit détachant,
Un liquide fluo servant de débouchant,
Une poupée Barbie, un CD, une bâche,
Un stérilet, un slip kangourou, la moustache
D'un gendarme mort. Tel est, depuis ma prison,
Ô Seigneur, ce que je vois. »

*

« Ma péroraison
T'est sans doute pénible. M'entendre ainsi geindre,
Pleurer, implorer, gémir, mendier, me plaindre,
Ce, du soir au matin et du matin au soir,
Agit sur toi sans doute ainsi qu'un repoussoir.
Je n'en puis plus cependant d'avoir sur la bouche
Des petits crustacés ou bien toute une couche
De milliers de polypes dont le champ s'étend
Dans mon cheveu – tu sais que je l'ai abondant.
La vie que je mène ici, sous les eaux, est terne :
Je réclame ma place auprès de ta lanterne.
Je rêve chaque nuit d'un bel endroit au sec,
Avec un peu de soleil et de vent, avec
Des nuages à contempler et une cloche,
Qui chante quelque part, un oiseau qui s'approche.
De vrais mots qu'on entend sortiraient de ma voix,

De belles sonorités, ainsi qu'autrefois,
Quand sur l'air par paquets d'ondes vibrait mon rire,
Quand on pouvait ouïr ce que j'avais à dire ;
Quand je pouvais prendre un objet en le nommant ;
Quand je pouvais couper le pourquoi du comment ;
Quand, par mes paroles, on pouvait me comprendre ;
Quand tel me saluant je pouvais le lui rendre ;
Quand, voulant par exemple alerter d'un danger,
Je pouvais d'un seul et simple cri partager
Cette information. Je n'ai pas vu d'étoile
Depuis si longtemps ; l'immense océan me voile
L'immense Voie lactée dont tu redescendras
Comme le dit la Bible et où tu renaîtras
Enfin parmi nous.

L'auréole sur ta tête,
Je voudrais la toucher ; un tandane s'entête
À me visiter et, près de mon cabanon
Tout recouvert de moules, un gourami – non :
C'est un géophagus – veut grignoter le cuivre
D'un bateau de cabotage. Je voudrais suivre
Tes archanges, ô Christ adoré, jusqu'au bout
(En cet instant un féra dévore un mérou)
Du bout des galaxies, là où le cosmos, rouge
Comme le ventre d'une flamme, vibre et bouge
Et crache des photons. Seul parmi le plancton,
Je végète et m'ennuie. Je voudrais voir Pluton,
Saturne et son anneau, Jupiter et sa vasque
D'hélium, la face que la Lune nous masque,
Mars et Neptune – mais point Uranus qui n'a
D'autre sol qu'une masse liquide. L'Etna

Puissance mille qu'est notre Soleil riposte
Tant qu'il peut, face à ses concurrents, à son poste
Parmi les galaxies : sans le voir c'est souvent
Que je pense à lui, tout comme je pense au vent,
Aux pluies, aux bourrasques et à la multitude
De météores qui griffent la vastitude
De l'espace infini comme griffe la peau
L'épine d'une ronce, l'été, un chapeau
De paille sur la tête, quand le soleil tape –
Il est vrai qu'à midi, au-dessus, on attrape
Facilement une insolation ; ma foi,
Il vaut mieux cela que de rester coi, sans voix,
À observer la serpe à l'allure crétine,
Le mylée sétigère à la moue enfantine,
L'épicyrte exodonte avec son masque hideux,
Le pacu et l'aleste qui vont deux par deux,
Le chalcée opalin levant sa tête basse,
Le scopèle fientant partout où il passe,
Le gonostome nu qui nage en bondissant,
Le muge à large tête au ventre opalescent,
Le blennechis rayé qui toujours se dépêche,
Le zoarcès frangé qui se rit de la pêche,
Le myxode ocellé avec son méchant air,
Le clinus chabot et sa mâchoire de fer,
Le caranx de Rotler et sa figure laide,
Le nauclère à queue blanche et sa dorsale raide,
Le psène de Java et son regard d'enfant,
La carangue ékala et sa peau d'éléphant,
Le grand gal des Indes et sa narine ouverte,
Le centrolophe nègre et sa nageoire verte,
Le perlon de Péron qui va si mollement,

Le chaboisseau bronzé qui s'arrête un moment,
La scorpène veinée à la vessie étroite,
L'apiste caréné à la colonne droite,
La synancée horrible qui penche à tribord,
L'équula Gomorah qui rôde près du port,
L'acanthure saigneur et sa gueule en tenaille,
L'otholithe tou-rou fait d'une seule écaille,
Le corb soldado qui ne se digère pas,
La loche spiloptère et son nez en compas,
L'orphie crocodile qu'une broutille effraie,
L'hydrargyre printanière et sa couleur gaie,
L'apogon caréné à menton triomphant,
L'ambase bogoda à forme d'olifant,
Le mérou bordé dont la queue est une pelle,
Le petit zanana à la chair de dentelle,
La diacope noire au monde circonscrit,
Le sargue rubanné, qui se déguste frit,
Le denté du Maroc, qui n'avance pas vite,
Le léthrinus olive et sa conjonctivite,
La mendole juscle qui vit au fond du noir,
Le chelmo maculé qu'on peut à peine voir,
Le gerres ponctué, succulent à la crème,
Le cossyphe ruban à la laideur extrême,
Le crénilabre paon et ses atours ingrats,
Le labre livide et ses sourires béats,
Le tautogue veiné et sa gueule d'ivrogne,
Le cheilion rayé et son horrible trogne,
Le harengule esprot fichu comme un croissant,
Le kowal albelle – inoffensif, soi-disant –,
L'alose chapra – dont la charpente est robuste –,
La clupénie de Bloch – son maintien est auguste –,

Le germon à écharpe – est sosie du mulot –,
La loche gongota – ressemble à un rouleau –,
Le balitore nason – quelle affreuse bouche ! –,
Le fundule à petites ceintures – il louche –,
L'orestias d'Agassiz – on dirait qu'il boit –,
L'hydrargyre swampine – elle digère un doigt –,
Le trichomyctère grêle – aucune élégance… –,
Le maigre du Gange – ne nage pas mais danse –,
L'otholite argenté, rappelant le cochon,
Le corb des Canaries, blême, blanc, pâlichon,
Le johnius chaptis et sa poitrine étroite,
L'ombrine de Kuhl et sa trajectoire droite,
Le pristipome crocro à l'abdomen bleu,
Le scolopside katé et son teint de feu,
Le makaira à l'inquiétante pupille,
Le tassard de Mertens au regard immobile,
La liche vadigo tachée comme un guépard,
Le trachinote brun et son faciès hagard,
Le pancal du Bengale au cartilage rouge,
Le simak d'Alep revenant d'où rien ne bouge,
Le serran loutre rarement catalogué,
Le notacanthe nez et son air subjugué,
Le mastencemble armé et son teint de carotte,
Le chorinème tol sortant peu de sa grotte,
Le gempyle serpent et ses rides de vieux,
L'apocrypte changua au vide dans les yeux,
Le trypauchène gaine à l'opercule informe,
L'amblyope mayenne à l'arc hyoïde énorme,
L'éléotris noir à l'hypural de travers,
La malthée tronquée au préorpécule ouvert,
L'ombre de Back à l'épine hémale mal mise,

Le platyptère âpron blanc comme une chemise,
La corégone otségo au profil pointu,
Le schrätz du Danube inspiré par le hotu,
Le pentaceros et ses expressions d'homme,
Le babir des Russes en caoutchouc de gomme,
Le cernier brun comme enrubanné d'un faux col,
Le centropriste roux dont on fait un alcool,
Le même, en truité, aux mimiques fantasques,
Le growler salmoïde aux viandes un peu flasques,
Le savonnier commun épais comme un carton
D'invitation, le pomotis en bâton,
Le thérapon puta et son anatomie
Débile, le surmulet au teint de momie,
Le silago bécu dans son isolement,
L'upénéus soufré dans son affolement,
Le bar multiraie comme recouvert de cendre,
L'hémilépidote aux airs faux de salamandre,
Le platycéphale âpre à l'épiderme clair,
Le trigle cuirassé qui pourrait vivre à l'air
Libre s'il possédait des jambes, la morue,
Amie réticulée qui se cuisine crue,
Le mormyre allongé qui est carré au bout,
Le chanos lubine qui pond un peu partout,
La loche savona progressant par saccades,
La drépane peigne aux filandreuses cacades,
Le butirin macabi toujours se sauvant,
L'éphippus éperon et sa dent de devant,
Le scatophage argus aux coloris moutarde,
Le platax de Bloch et sa zébrure criarde,
Le psettus de Seba chez qui rien n'est normal,
Le mylète à dents dont la morsure fait mal,

Le saure odorant aplati comme une pelle,
Le cynodon renard au profil de truelle,
Le scopèle de Cocco et son ventre creux,
Le xyphostome moucheté, si ténébreux,
Le cynopotame bossu et, sur sa tête,
Une colonie de petits crabes fin prête
À dévorer ce gros crâne qui opinait,
Et tout près, avec cet incroyable air benêt,
Sans origine, sans inscription, sans âge,
Je vois parfaitement le corps et le visage
D'un chétodon noir retournant dans son marais,
D'un coméphore à l'expression de goret,
D'un guapucha crapaud qui cherche à me connaître,
D'un serralasme caribe venant de naître,
D'une citharine chilode et son conjoint,
D'un axinure thynnoïde et son adjoint,
D'un sublet groin et ses nageoires mouchetées,
D'une aphye cobite aux laideurs incontestées,
D'un cnénolabre mouche à la face d'aryen,
D'un drôle d'animal mi-poisson mi-saurien,
D'un curimate de Spix venu en brigade,
D'un rason à front bleu me portant l'estocade,
D'un odax poussin qui n'est que rides et plis,
D'un spet quittant sa boîte de raviolis,
D'un tomète unilobé au lobe rigide,
D'un piabuque argentin à l'anus bifide,
D'un scare des anciens venu d'on ne sait où,
D'un cirrhite marbré semblant avoir un cou ! »

XXXVI.

Claudel, Mao,
Coco, Garbo

Emmanuelle n'en peut plus. « Viens, on se taille.
Laissons ce pauvre Bloy à sa vaine bataille.
Marre du Mendiant ingrat, de Marchenoir !
Il prend Dieu en otage avec son désespoir.
Pauvre dément. Il a failli me rendre chèvre.
Des suppliques seulement dansent sur sa lèvre.
Jamais je n'ai vu de chrétien plus effrayant.
Ce vieux fou pense-t-il que c'est en extrayant
De force – parce qu'il braille, parce qu'il bêle –
De la pitié à Jésus-Christ ? C'est de la grêle
Qu'il va récolter : le Messie, en un instant,
Peut déclencher le déluge comme il l'entend.
Partons. Et maintenant rentrons. Et rentrons vite ! »
Me dit mon amoureuse tandis que l'évite
Un callyodon.

Nous traversons un fatras
De cleptiques créoles, fonçant dans le tas.
Nous nous décidons à rejoindre enfin la grève
Quand aussitôt une robe blanche se lève :
Marilyn est là, dans la lumière qui pleut.

Nous voyons, aussi agenouillé qu'il le peut
(Un gadicule exhibe sa drôle de tête ;
Un grampus bleu-gris avale une énorme bête),
Paul Claudel, de dos, une chasuble dessus ;
Nous voyons Cassius Clay et ses coups reçus ;
Nous voyons Mao devant une mappemonde,
Charles Bukowski cuvant un rosé immonde,
Paul Doumer une tache de sang dans le dos,
Roosevelt claudiquant ne sentant plus ses os,
Gene Kelly guettant naïvement l'averse,
Bobby Fischer qui perdant sa partie renverse
L'échiquier, Fausto Coppi en plein effort,
Maurice Ronet qui était de trop à bord,
Jeanne Paquin dessinant le doigt plein de suie
Une veste à grelots ainsi qu'un parapluie,
Françoise Dorléac se penchant au balcon
De la mairie de Rochefort-sous-les-Flots – qu'on
Reconnaît aux motifs – pour voir si sa voiture
Est toujours là, Coco Chanel désinvolture
En bandoulière faisant un grand mouvement
De tête en direction d'un nouvel amant,
Billie Holiday finissant une bouteille
De rhum, Janis Joplin qu'un abusseau réveille
De sa nageoire caudale en forme de té,
Greta Garbo se plaignant de l'obscurité,
Caroline Otero un chapeau sur la tête,
Yvonne Jospa que la Gestapo arrête
À l'instant même où nous arrivons, Jean Renoir
Faisant répéter Nora Gregor en peignoir,
Arletty toisant le bel Allemand qui passe,
Marevna peignant une tête de mort, Grace

(Un clarias s'abrite dans un petit trou
Tandis qu'un crabe ocre régurgite un mérou)
Kelly au volant de sa Rover et nous prouve
Que les princesses foncent comme un tombeau s'ouvre.

XXXVII.

Mille raisons de rester sous l'eau

« Veux-tu vraiment regagner la plage et roussir
Sous les feux du réchauffement, te rabougrir
À Paris, à continuer la comédie ? »
Demandé-je très franchement à mon amie.
Elle hésite un peu : elle aussi en a assez
De ces djihads infiniment recommencés,
Des épidémies exigeant le port d'un masque,
Du nouveau typhon, de la nouvelle bourrasque,
Des manœuvres chinoises, des enfants qu'on vend,
Des pénuries d'eau, des imams récidivant,
Des rodéos urbains, des trafiquants de drogue
Aussitôt relâchés et de la synagogue
(Emmanuelle touche un apron paniqué
Et un callanthias au regard offusqué)
Incessamment taguée, de la candidature
Des rouges et des bruns et de la mandature
De Jair Bolsonaro.

Assez d'être témoin
De l'immolation – dans un petit recoin
De son studio HLM du quatrième –

D'une vieille femme au prétexte qu'Allah n'aime
Pas les juifs. « Veux-tu vraiment retourner là-haut,
Où des élus voudraient que le mot "surmulot"
(Une sériole à l'œil globuleux et rouge
Attend, pour pondre ses œufs, que plus rien ne bouge)
Désigne désormais le "rat", où capuchon
Sur la tête le consommateur de chichon
Assassine un voisin car il ne sait que faire ?
Le monde propose une permanente guerre
Où nous mourrons. Le plus petit pharmacien
Est pris d'assaut, provincial, parisien,
Par une faramineuse marée humaine
Réclamant sa dose de vaccin, de la haine
Plein les yeux.

Nous sommes heureux ici, parmi
Les sauclets ; au sol, nous ne l'étions qu'à demi –
Quand nous l'étions. Cette hideuse ribambelle
De députés, cette affreuse odeur de poubelle
Dans notre rue, la vermine que j'ai à dos
Sur les réseaux sociaux, le couple à landau
Dont la reine progéniture – autoritaire,
Colérique, toute-puissante, atrabilaire –
Fait la loi, la révélation de charniers
En Ukraine, la colère des infirmiers
Appelant à la grève, les lois abrogées
Pour humilier toutes ces femmes plongées
Dans les grandes ténèbres afghanes... Petits
Esprits, écrivains nuls, pigistes abêtis,
Humoristes du matin, pourrissant la France –
Et tant d'autres pays. Menaces, malfaisance,

Ragots, excès de nitrites dans nos jambons,
Vedettes plus périssables que des bonbons,
Découverte à Vienne – Autriche – d'un sac de crânes
(Cette otakie a les nageoires diaphanes),
Chantage nucléaire venant de Moscou,
Nouvel attentat-suicide à Tombouctou,
Abus sur les actrices de X japonaises,
Le "non à l'Europe" aux élections anglaises,
Les enfants d'Érythrée aux corps noyés et nus,
Les matons libyens marchandant leurs détenus,
Explosion à Bogoso, partout l'alerte
Rouge en raison de la récente découverte
D'un virus mutant provenant d'un animal –
Soi-disant –, un taux de TSP anormal
Dans l'air des villes, le nombre croissant de femmes
Battues à mort par leurs maris, les hautes flammes
Dévorant nos forêts, la peur du lendemain,
Les mineurs exilés que l'on tue en chemin,
Les suicides que le confinement draine,
La précarité que l'inflation entraîne,
Les avions de ligne venant s'écraser sur
Le Pentagone, les drones qui scient l'azur
À la recherche d'une cible, une brigade
De casques bleus qui tombe dans une embuscade
Au Mali, une émeute à Boissise-le-Roi,
Un attentat dont on découvre avec effroi
Qu'il visait des enfants juifs, de grosses poignées
De crack abrutissant des ombres insoignées,
Les crétins connectés qui ne connaissent pas
La profondeur des livres, les plateaux-repas
Indignes en Ehpad, les champs que rien n'irrigue

À cause de la canicule, la fatigue
Des salariés, la vieille fatwa qui suit
Rushdie partout et la lame qui s'introduit
Dans sa gorge, le spectre d'une catastrophe
Entre la Serbie et un pays limitrophe –
Le Kosovo –, misère des espaces verts
Qui dans maintes capitales sont recouverts
De seringues, Al-Qaïda et son emblème
Mortifère et livide et vénéneux et blême,
Les bouchers de Daech qui lui sont assortis,
La marque d'Obama partie en confettis,
Les glaciers qui fondent devenant de la pluie,
Xi Jinping faisant de Pyongyang son parapluie,
La guerre mondiale s'annonçant plus tôt
Que prévu, l'inextricable montée des taux
D'intérêt, l'Ukraine se battant toute seule,
Le phosphate qui dans les fleuves se dégueule,
La disparition des tout derniers oiseaux,
La famine qui fait des Soudanais des os,
L'extinction et de l'abeille et du rapace,
Le fascisme qui sous nos fenêtres repasse,
La proposition d'abolir le travail,
Les camps nazis devenus des points de détail,
L'origine ethnique à laquelle l'on s'accroche,
Les femmes abordées comme de la bidoche,
Les mercenaires Wagner – tenue léopard
Enfilée – gagnant le Mali, un salopard
Qui enterre un cadavre d'enfant, une peste
Toute neuve qui contamine tout, un vieux reste
De culture souillée par des programmes gras
Et vulgaires, des chefs-d'œuvre au débarras,

Des célébrités célèbres pour ne rien faire,
De très grands écrivains qui n'ont plus qu'à se taire,
L'oxyde d'azote empoisonnant notre sol,
Les ego malmenés qui se poussent du col,
Les pots d'échappement pétant à quelques mètres
De ma chambre, dans le monde les thermomètres
Qui fondent, l'élève prenant le contrepied
De son professeur et qui – rigolant – s'assied
Sur l'histoire de la Shoah, la Maison Blanche
Occupée par quelqu'un dont chaque mot déclenche
Des émeutes, les haines revenant de loin,
L'environnement dont personne ne prend soin,
L'antisémitisme nouveau qui se déguise
En antisionisme, le Fatah qu'aiguise
Une vision du monde en monocouleur,
Le noma défigurant l'enfant de douleur,
La Serbie dénaturée par un gigantesque
Raz-de-marée humain et l'option grotesque
D'édifier un mur, le spectre qui revient
D'un conflit nucléaire, Moscou qui maintient
Sa pression militaire sur Kiev, la soude
Utilisée par les cambrioleurs, le coude
Du Danube asséché, le sinistre humour
Des one-man shows, le tumulte aveugle et sourd
Des motos au milieu de la nuit, l'overdose
Des défoncés hagards dont le crack décompose
Les traits, la désespérance des sans-abri,
Les frôleurs et harceleurs paraissant surpris
Que la femme outragée et violée se fâche,
L'internaute à l'abri menaçant comme un lâche
Tout ce qui brille et se fait sans lui, le violent

Retour – par le biais d'un singe gesticulant –
De la variole, aux États-Unis un groupe
De trente migrants asphyxiés qu'une troupe
De policiers découvre bouche ouverte et bras
Ballants sous la bâche d'un camion, les tas
D'ordures cuisant au soleil, le diabète
Et la junk-food, ce monde où chacun est vedette,
Le même discours infiniment rebattu,
L'effigie d'un puissant brûlée comme un fétu,
La mort de Gorbatchev que l'on célèbre à peine,
Les voyages exigeant une quarantaine,
Le penseur vital dont on n'entend plus la voix,
Les enfants d'Érythrée devenus champenois,
L'intelligence naturelle reconduite
Au vestiaire par celle – plus érudite –
D'une machine glacée qui ne pense pas
(Quatre pemphérides jouent avec un compas),
Cette surpopulation qui sans relâche
Consomme, abîme, souille, détruit, casse et gâche,
La coke et la seringue au matin pâlichon,
Les trois heures par jour passées dans un bouchon,
La dizaine d'euros que vaut la vie d'un homme,
Les insecticides sur la peau de la pomme,
La moitié de l'humanité qui a grossi
Au point d'être obèse, l'autre qui a minci
Et que la famine a fini par rendre informe,
TikTok et sa nocivité protéiforme,
Les cerveaux swipant-reswipant de toute part,
Les amateurs de porno-hard dont la plupart
N'ont pas tout à fait huit ans, les fous de la fête
Qui usent de la chimie pour qu'en eux la bête

Surgisse aux soirs d'orgie, les "enfants d'aujourd'hui"
Qui à l'aide d'un couteau sorti de l'étui
Frappent en plein cœur jusqu'à la dernière goutte
De sang un professeur "humain et à l'écoute",
Les vitrines brisées par des fils de nantis,
Les abus sexuels soi-disant consentis,
Les meurtres d'enfants suivis d'une marche blanche,
Les *fashion victims* qui passent leur dimanche
Sur les Champs-Élysées dans un Paris d'aigris,
L'expresso au comptoir devenu hors de prix,
Les clients empressés qu'attendre une seconde
Met hors d'eux, les petits acteurs centres du monde
Qui réalisent entre eux des films sans fond,
Les stars et starlettes vides du carafon,
Les députés vociférant à la tribune,
Les élus contaminés par la peste brune,
L'information et ses titres racoleurs,
Les millions perçus par quelques footballeurs,
Les explosions qui atrophient Beyrouth,
Les croisières en paquebot pour tous et toutes,
Les démocraties menées par le bout du nez,
Les couples ravagés aux enfants erronés,
Les maris parfaits qui mènent une vie double,
Les donneurs de leçons qui nagent en eau trouble,
Les révoltés à qui l'on crève les deux yeux,
En Iran les femmes se coupant les cheveux,
Au Soudan la guerre tuant sur son passage
Des enfants sans regard désormais sans visage,
Le débat d'idées qui se borne à dire noir
Ou blanc, l'Assemblée devenant un défouloir,
L'absence de Nicky et Jean-Claude Fasquelle,

La virtualité d'autant plus forte qu'elle
A remplacé le réel et s'assied dessus,
L'autocensure et les postulats préconçus,
Les romans d'autrefois récrits sous chloroforme,
Le mot modifié afin d'être conforme,
Le titre échangé contre un titre qui convient
(Un salarias blanc va, vient, re-va, revient),
L'épuration en Bibliothèque verte,
La prose incorrecte désormais recouverte
D'une chape de plomb pour satisfaire à l'air
Du temps, les chefs-d'œuvre d'hier qui d'un éclair
Sont remisés aux oubliettes frappés d'une
Marque d'infamie, la mise en fosse commune
(Sous la vase sourit un buste de Neptune)
Du génie d'hier dont le propos, rétréci
(Là dort un Poséidon au muscle noirci),
Injurie telle minorité et entaille
Le "vivre-ensemble", la virulente bataille
Qu'on livre à Voltaire – raciste rimailleur –,
L'interdiction de nommer une couleur
Par son nom, Colbert au pied duquel on urine,
Churchill pratiquement comparé à Staline,
Jean-Jacques Rousseau dont le buste démuni
Se voit souillé de fiente et se voit banni
Des parcs et jardins, les procès en violence
Faits à *Blanche-Neige* – pendant sa somnolence,
Le Prince charmant profitant d'elle commet
Un abus sexuel et atteint le sommet
De l'abjection –, les comités dont la tâche
Est de supprimer de la façon la plus lâche
Les rouquins et les nains et les gens en surpoids –

Qui ne s'appellent plus des gros – qu'on aperçoit
Dans les livres pour enfants, les grands coups de pelle
Donnés aux termes qui blessent, le pronom "elle"
Qui se dépêche d'être imprimé sur le flanc
De ce qui s'intitulait "il", la chasse au blanc
Qui ne vaut pas mieux que la traite négrière,
La nuance réduite à l'état de poussière,
La colère immanente des Français d'en bas,
Le cynisme patent de ceux qui n'en sont pas,
Le mépris de l'Élysée pour la populace,
Les êtres humains qui ne trouvent pas leur place,
Le pli désormais pris du mécontentement,
Les syndicats en perpétuel mouvement,
Le temps qui s'écoule de manière impassible,
Notre visage vieilli qui devient risible,
L'histoire et le passé incessamment repeints,
Les espaces de liberté hélas restreints,
La sournoise disparition des musiques
Jouées par des musiciens, les aphasiques
Adolescents qui sniffent – regardant les chars
Russes sur leur écran – à peu près tous les quarts
D'heure des cristaux et une poudre blanchâtre
Tellement coupée qu'elle ressemble à du plâtre,
Les paumés aphasiques et les convertis
À un islam marketé pour les abrutis,
Les dimanches d'été et leur horrible foule,
Les règles de la République que l'on foule,
Les altercations au moindre festival,
Les risques d'attentat au moindre carnaval,
Les regards chargés de haine sur l'avenue
Des Champs-Élysées, le Q.I. qui diminue

Dans le monde entier. Je regrette l'autrefois,
Le jadis et l'hier, le passé et son poids.
Le présent, saturé d'arrogance, me lasse.
Le globe est devenu une atroce bouillasse :
L'humanité ressemble à une basse-cour.
(Un beau rotangle à notre vue fait demi-tour.)
Les gens n'ont que le mot de "procès" à la bouche.
On n'est tranquille qu'à minuit, quand on se couche.
Je parle un français que personne ne comprend
Plus. Nul ne sait désormais qui était Rembrandt.
Pissarro, dont on veut que le génie s'arrête,
A cessé d'être un peintre : aujourd'hui il végète
Au purgatoire, une corde autour de son cou.
Les livres pour enfants sont réécrits : là où
Vibrait le passé simple, où la grivoiserie
S'insinuait, on passe tout au bain-marie.
Le présent de l'indicatif – et rien que lui –
Peut narrer les histoires, censure à l'appui.
Plus de cent fois j'ai songé à m'ouvrir les veines :
C'est une excellente option contre les peines.
Et puis j'ai préféré recouvrir de dessins
De pleins cahiers épais, acheter des fusains,
Des crayons, des feutres et des pinceaux. »

*

« J'enfonce
Des portes ouvertes, mais en unique réponse
À l'universelle nausée – hormis Grasset
Et les quelques romans que, comme autant d'abcès,

Crevés, j'y publie de temps en temps –, on découvre
Qu'un seul antidote est possible : l'art. Il ouvre
Le monde au monde. Rien d'autre ne me retient
Ici-bas, pas même l'amour – qu'il soit chrétien,
Romantique ou surgissant, brutal, du bas-ventre.
Je veux vivre une vie dont le Beau est le centre. »

XXXVIII.

Ranucci dans l'aube,
Trotsky à l'heure du thé

Emmanuelle m'écoute et goûte un couteau.
Elle craint elle aussi tout ce qui est en haut.
Alors, je lui demande ce qu'elle préfère :
Rester sous ces flots, à regarder se refaire
À l'infini le siècle numéro vingt – lieu
Extatique de son enfance et du milieu
De ma jeunesse morte – ou bien que l'on s'en aille.
Le nonnat qui s'avance vers nous est de taille.
Un mochon l'accompagne et lui donne un coup sec,
Puis avale un sauclet et un joël à bec.
Un kéris à goître pousse un homme au visage
Mal rasé. Ils évoluent dans un paysage
Lugubre fait de bocaux cassés. Maladroit,
L'homme glisse – il est menotté – sur une croix
De Christ enlisée. Un gendarme lui détache
Ses liens d'acier. Un poulpe mauve lui crache
De l'encre noire à la figure. Tout au bout
D'un long corridor étroit se tient, presque doux,
L'échafaud qui l'attend avec son ustensile :
La guillotine et sa lame froide et docile.
Christian Ranucci vient de lever ses bras

Vers le plafond de l'eau. D'instinct, il se débat
Quand il s'agit enfin, toutes les boutonnières
Veuves de leurs boutons, une fois les dernières
Volontés enregistrées et le bilan fait,
De mettre dans le trou prévu à cet effet
Sa tête semblable bientôt à telle broche
Qu'on arrache du gilet. Elle se décroche
Paisiblement du buste qui lui est ôté.
Elle roule et dévale et s'arrête à côté
D'une barrique au-dedans de laquelle reste
Un vieux fond de whisky et où faisaient leur sieste
Un hepset, un halex, une charogne, aussi.

L'homme que me montre Emmanuelle a grossi :
Il a l'air fatigué, la démarche économe,
Et nourrit ses cépoles comme un métronome.
Il vient de prendre le thé de l'après-midi ;
La scène est censée se dérouler un mardi.
Lunettes au nez, allure dégingandée,
Trotsky ne paraît ni triste ni gai. L'idée
Nous prend – mais nous y renonçons – d'aller le voir.
Ne pas déranger. Il s'apprête à recevoir
Son assassin. Que voici. Mal rasé, sans sève,
La mine morbide de ceux qui ont la crève,
C'est sous nos yeux qu'il va exécuter son plan.
Un roséré craintif le regarde en tremblant,
Puis décide sagement de prendre la fuite.
Mercader n'attaque pas sa proie tout de suite.
Léon Trotsky l'invite dans le bureau où,
Entouré d'athérines à l'aspect surmou,
Il aime écrire, lire et réfléchir. Le nombre

D'ouvrages mordus par le sel dormant dans l'ombre
Est impressionnant. Mercader semble lui
Faire un signe : visiblement il est séduit
Par autant de culture. Il a une requête :
Montrer un de ses articles – sans queue ni tête –
Au père de la Révolution. Par orgueil,
Un peu flatté – même s'il voit d'un mauvais œil
Cet importun qu'il n'a jamais eu le courage
D'expulser loin de lui et de son entourage.
À présent la vie de Trotsky touche à sa fin ;
Tandis qu'il s'assied, chatouillé par un dauphin,
Son visiteur, d'un geste lent mais énergique,
Malgré la masse d'eau freinant l'élan tragique,
Frappe son hôte au crâne, l'air plein de dégoût.
Il tente, crispé, de réitérer son coup,
Mais Emmanuelle s'interpose, rapide :
Elle décide de modifier l'impavide
Cours de l'histoire. En vain. Il nous vaut mieux partir.

XXXIX.

Jusqu'à Basquiat

Nous croisons en repartant Mohamed Oufkir,
Pasolini, relisant le Marquis de Sade,
Morand, sortant visiblement d'une ambassade,
Lebovici, flanquant une gifle à Debord,
Et Pauli, Einstein, Dirac, Broglie, Rutherford,
Von Neumann, Bohr, Planck, qui nous paraissent des ombres,
Langevin, Schrödinger, cernés de hideux congres,
Feynman, Fermi, Oppenheimer, paraissant très
Préoccupés, Turing et Banach, concentrés,
Capablanca, hésitant sur une ouverture,
Tal, Petrossian, en pleine déconfiture,
Eustace Fannin victime d'un faux rebond,
Proust, Malraux, Giono, Miller, Plath, Aragon,
Beauvoir, Genet, Bukowski, qui demande à boire,
Mitterrand, face aux jardins de l'Observatoire,
Ernest Psichari qui prépare son départ
(Une sphyrène m'adresse un mauvais regard)
Pour le front, Ionesco assis sur la chaise
De Beckett, Rebell mangeant de la mayonnaise
Avec une cuillère – sa difformité
Est monstrueuse ; il est blanc comme un entarté –,

L'académicien Julien Green, qui pénètre
Dans un caveau en en fracassant la fenêtre,
Martin Heidegger, que nous voyons de très près,
Steve McQueen, Humphrey Bogart, Cary Grant, prêts
À tourner, Mishima, qui devant nos yeux s'ouvre
Le ventre et dont l'estomac bientôt se recouvre
De trachyptères fous d'appétit. Dans son lit,
Enrubanné d'algues, Joë Bousquet relit
Rimbaud. Apparaît au fin fond de la pénombre
Faulkner en tenue d'aviateur, l'humeur sombre.
Vladimir Nabokov disparaît dans un trou
Rempli d'acantholabres nordiques et d'où
Jaillit du pétrole. Là-bas, le chiffre 11
Semble intéresser Perec. Un Mozart en bronze
Jouxte sous la boue le crâne d'un vacancier.
Un prionure effraie un mauvais romancier.
Nous percutons une tête guillotinée
Que je n'identifie pas – elle est burinée.
Vian vomit son daiquiri dans un lavabo.
Jesse Owens tente d'allumer son flambeau.
Vercors essaye en vain d'écrire à la bougie.
Heisenberg et Max Born calculent l'énergie
Que produit une raie glissant sur le parquet
D'une des salles du *Titanic*.

Le hoquet
Attaque Emmanuelle : derrière la porte
Vermoulue d'une cuisine un garçon apporte
Un homard à l'armoricaine et le couvert.
C'est le plat préféré de ma Chinoise. Vers
L'armoire à vaisselle attend une bouillabaisse,

Je m'y précipite tel un chien sans sa laisse.
Je trouve par terre une fourchette en argent
Dévorée par la rouille. Un godet regorgeant
De cleptiques créoles à tête de gomme
Sera parfait pour le vin – un cru qui assomme.
Un piabuque argentin griffe le genou
D'Emmanuelle. Une sorte de vieil hibou
Est en train, strictement seul, de faire la fête.
Une perruque jaune est posée sur sa tête.
Il porte de grotesques lunettes qui lui
Mangent le visage. Il est rongé par l'ennui.
C'est Andy Warhol. Arrive une femme nue.
Elle ne m'est pas totalement inconnue :
Voici Nico. Elle titube en consommant
Un verre d'alcool dans lequel, à tout moment,
Elle peut verser de la drogue, un somnifère.
L'héroïne est la nourriture qu'elle préfère.
Jean-Michel Basquiat se fait mordre le doigt
(Vers notre couple un stomias fonce tout droit)
Par un pygopriste serrulé. Il redoute
L'infection. Il paraît très fier de sa toute
Nouvelle toile, figurant le rendez-vous
D'une ampulline, d'une éctocarpe et d'un loup.

Emmanuelle trouve une superbe broche
Posée sur le ventre fissuré d'une roche.
Y est incrusté le visage fêlé d'un
Enfant. Je sais qui tu es, ô petit défunt !
Mais je ne le dirai pas. Par délicatesse.
Par discrétion, aussi. D'extrême justesse,
Nous évitons un requin griset qui détruit

Un chef-d'œuvre non encore sec, plein d'enduit,
Que Klimt vient d'achever. Écrivant un poème
(Ictyosyllabes), Queneau change de thème.
Celui-ci ne nous avait point encore vus
Quand il commença, le flot des idées profus,
À le rédiger. Mais c'est décidé : il change
Son fusil d'épaule. Le sujet est un ange :
Emmanuelle – qui lui plaît, je l'ai senti
Immédiatement. Plutôt introverti,
Il n'ose pas, devant moi, franchir les barrières
Qui le séparent de son but. Mais les manières
Qu'il arbore, ainsi que ses clins d'œil à foison,
M'exaspèrent. Une blague de garnison,
De régiment, de casernement, de chambrée,
Met fin à son ambition démesurée ;
Emmanuelle oppose à son œil égrillard
Une moue dégoûtée que notre scribouillard
Fait mine de ne pas voir. Un regard complice
S'échange entre mon amoureuse et moi. *Ulysse*
De Joyce – belle édition aux reflets verts –
Écrase un goujon ; je pense à tous les hivers
Que le volume a passé ici, sous sa grosse
Couverture reliée pleine peau. La Beauce
Paraît s'étaler devant nous – même substrat
Que sur la Terre, et à la place du blé gras :
Les algues qui dansent, remuent. Aux fins de pondre,
Un squale liche s'y installe. Correspondre
Avec Emmanuelle est dur : un rat crevé
Qui dérive fait qu'un requin est arrivé,
Me séparant un court instant de ma promise.
Je vois, tournant sur elle-même, une chemise :

C'est celle de John Wayne ; à ses côtés, un bas
Effilé dont la propriétaire n'est pas
Très éloignée : Marlène Dietrich. Séduite
Par ma jeune amie hongkongaise, tout de suite
Elle l'embrasse sous les yeux d'un éperlan,
D'un candiru, d'un acanthure et d'un merlan.
Elle l'attire vers une vieille baignoire
Détachée d'un paquebot. Là, dans la nuit noire,
Elle lui caresse les cheveux.

XL.

Étoiles de mer

Le souci ?
Emmanuelle n'aime pas ça. Celle-ci
M'adresse un signe précis. Avec promptitude
Nous décidons d'opter pour une latitude
Moins exposée au désir ainsi qu'à son fruit.
À cet instant, devant nous, sans le moindre bruit
Apparaît Max Linder, au cœur d'un mimodrame
Dont je n'ai pas l'envie de résumer la trame.
Et voici Jean Genet, vêtu en prisonnier.
Le suit Joseph Kessel et son palefrenier –
Sa monture s'énerve, elle se cabre, et rue.
Puis apparaît Charlie Parker : une morue
Fidèle comme un chien dort à côté de lui ;
Il ne jouera pas de saxophone aujourd'hui :
On sent bien que son regard absent nous évite.
Je commence à souffrir d'une conjonctivite.

« On devrait rentrer, surtout à l'heure qu'il est… »
Conseille Emmanuelle, tandis qu'un gilet
De sauvetage – mais sans son noyé – s'approche.
Je cherche un morceau de chocolat dans ma poche.

Nous le partageons. Le vingtième siècle est grand :
Il faudra revenir. Emmanuelle prend
Ma main, ma grosse main écorchée, dans la sienne ;
Nous croisons Wittgenstein qui s'en revient de Vienne –
Je ne parle pas de la Vienne bien au sec,
De la Vienne terrestre, et de son air avec,
Mais de la Vienne qui sous l'océan se dresse,
Cette Vienne engloutie dont le passé paresse.
Nous apercevons Taft – à l'obèse inconfort –,
Woodrow Wilson – la bêtise n'est pas son fort –,
Warren G. Harding – portant une serviette –,
Calvin Coolidge – endormi sous une couette –,
Herbert Hoover – aussi glacial qu'il le peut –,
Harry S. Truman – attendant un couvre-feu –,
Dwight D. Eisenhower – marchant sur une éponge –,
Lyndon B. Johnson – voûtant sa taille à rallonge –,
Richard M. Nixon – et ses faux airs de Judas –,
Gerald Ford – entre deux regrettables faux pas –,
Jimmy Carter – avec ce teint de porcelaine ;
Puis, plus tard, Jean-Louis Barrault – et sa Madeleine –,
Gérard Philipe – une sangsue boit tout son sang –,
Raimu – qui sous les eaux a perdu son accent –,
Fernandel – os trempés, qui doucement se lève –,
Louis Jouvet – nous lançant son regard de glaive –,
André Bourvil – huîtres et moules plein les mains –,
Charpin – distrayant quelques vieux noyés malouins –,
Jean Gabin – le visage recouvert de suie –,
M. Brun – qui sur sa canne souple s'appuie –,
Michel Simon – crachant dans un affreux mouchoir –,
Arletty et Cuny – en visiteurs du soir –,
Jules Berry – joignant la parole et le geste –,

Saturnin Fabre – dans cet état manifeste
Des fous –, Lino – qui, comme si de rien n'était,
Cuisine des algues *al dente* (on se tait
Devant cet homme) –, Pierre Brasseur, l'apathie
En étendard et manquant tant de sympathie –
Qui énerve, rigolard, un nesticus plat –,
Odette Joyeux – dévorant du chocolat –,
Charles Boyer – dissimulant mal ses souffrances –,
Margaux Hemingway – vidée de ses espérances.
Nous regardons une machette, un grand rasoir
Qui rouillent dans la main d'un hutu ; un grand Noir
Décapité, sans bras gauche, est en train de lire
Un essai sur la Shoah ; une tirelire
D'enfant répand quelques pièces parmi les vers –
La tirelire entend subvenir aux revers.
Un lieutenant français soigneusement appose
Des fils électriques, dans une chambre close,
Sur les testicules d'un jeune soldat thaï ;
Un colonel aux grimaces d'épouvantail
Enfonce de ses pouces la glotte d'un homme.
Un groupe de calcinelles assiste comme
Nous au massacre d'Oran.

Plus à gauche, neuf
Séphens aux peaux de chagrin observent un veuf
Dont l'épouse est morte à Zvornik – à tour de rôle
Des combattants serbes tatoués à l'épaule
L'ont violée puis mutilée de part en part,
Compissant son corps avant l'heure du départ.
Fatty Arbuckle se vide de sa graisse :
Un squale vient de l'éventrer. Sa bouille épaisse

Est défigurée par la douleur. Il remet
(Une sole énorme lui a servi de met)
Son chapeau ridicule. Tout son être tremble.
La police de L.A. arrive. Elle semble
Avoir un mandat d'arrêt contre lui. Son air
Jovial contraste – c'est fait en un éclair –
Avec les menottes qu'on lui passe. Il s'étonne,
Prétend qu'il est innocent. Il pèse une tonne :
On a du mal à le tirer. Tout son pognon
Risque de passer en frais d'avocats. Grognon,
Il finit par entrer dans le fourgon. Sa nuque
Est celle d'un taureau. Au sol gît sa perruque.
Un docteur, tentant d'éviter les méchants becs
Des dauphins, n'essuie entretemps que des échecs
Dans ses efforts pour sauver de la mort – très proche –
La jeune Virginia, que le gros clown moche
Vient de violer. Un éphippus, droit devant
Nous, est curieux du sort de la pauvre enfant –
Elle a agonisé, doucement, dans la boue,
Dans la vase, dans un cloaque de gadoue.
Ses yeux sont encore un tout petit peu ouverts.
Ils sont bleus, mouchetés de petits cristaux verts.
La pénétration a disloqué des hanches.
Son sourire laisse voir de belles dents blanches.
Une moule est déjà collée à son talon –
Le droit. Fatty a laissé là son pantalon,
Ainsi que les restes d'une belle entrecôte.

*

Puis nous rencontrons un bien étrange astronaute.
Son visage est noir, carbonisé de partout ;
Toutes ses brûlures font l'effet d'un tattoo.
Je sais qui c'est. Douloureusement, il progresse
Parmi les coraux. Ses compagnons de détresse
L'attendent dans le cockpit d'un vaisseau tout noir.
C'est Virgil Grissom – il traîne son désespoir.
Et, resté dans la cabine de pilotage,
Guettant, lui aussi brûlé, un vain sauvetage,
Je reconnais le regard – il est singulier –
De Roger Chaffee. Il aimerait supplier
Dieu afin de sortir de là, d'aller rejoindre
Sa jeune épouse. Mais hélas, il ne voit poindre
Aucun espoir. Ed White, à ses côtés, regard
Vide, finit de se consumer. Le départ
N'aura jamais lieu. Lentement un petit groupe
De mélanocélus se disloque.

Une troupe
S'avance. Il s'agit de soldats allemands. Bat
Face aux fusils le cœur de Guy Môquet. Combat ?
Assassinat. Hélas, la mort, bien qu'indignée,
Se fait forcer la main, lançant une poignée
De balles contre la poitrine d'un ado-
Lescent et des autres otages de Château-
Briant.

Surgit à présent, devant nous, un homme
Au teint de cierge et qui croque dans une pomme
Pourrie. Il est souple et il se tord comme un chat.
Dans cette eau sale à la texture de crachat,

Il ouvre un vieux piano recouvert de mousse.
Il se racle la gorge, éternue et puis tousse.
Glenn Gould est malingre mais son dos est musclé.
Il ressemble à un automate dont la clé
Aurait été égarée. (Un géryon passe.)
Il se met à jouer, une énorme limace
Dans le bas du cou. Les premières notes sont –
Bien qu'insonores – de Mozart. Puis ses mains vont,
Par réflexe pur – ainsi qu'on pousse une porte,
Que par simple dégoût l'on écrase un cloporte –,
Doctement se placer. Maurice Genevoix
Pleure en le regardant, pleure plusieurs fois –
Une lithode pénètre dans son oreille
Sans qu'il s'en inquiète.

*

Non loin de là, pareille
À une momie apparaît, de sale humeur,
La grande Colette, que son antidouleur
Ne semble pas apaiser. Son regard intense
Darde des rayons de méchanceté immense.
Harold Lloyd s'écarte d'elle, tant il ressent
La cruauté qui l'anime. Max Ernst, croissant
Mou dans la main – en réalité une éponge –,
Prend son petit déjeuner. Un piranha ronge
Son mollet droit. Son pantalon marron et vert
Est déchiqueté. Pissarro, le torse ouvert,
Est parvenu à prendre dans son épuisette
Deux gros bulots, un violet, une crevette.

John Ford, aviné, s'est endormi dans un coin.
Henri Ghéon se fait sucer un peu plus loin.
Michel Petrucciani doucement se lève
Et rejoint Gould au piano – séance brève
Mais émouvante. Ils ont interprété *Au clair*
De la lune en sa version free jazz – hors pair !
Tout un parterre d'anonymes les acclame –
Le morceau fut muet mais on sentit la flamme.

XLI.

Mauvaises réputations

Un gros barbu vient s'installer à nos côtés.
Il est sale et saoul, accompagné de beautés
Allemandes à l'allure un peu interlope,
Ce qui les fait rire aux éclats. D'une enveloppe,
Il tire des cristaux qu'il aspire par la
Narine gauche, et s'enfile un shot de vodka.
À peine assommé, il reprend un petit verre
De prune. Avec un bout de caoutchouc il serre
Son avant-bras et cherche une veine dessous
Sa peau. Il y plante une seringue à deux sous.
Il se sert un whisky avec un peu de glace.
Il n'espère pas remonter à la surface.
Il prend un cachet : il a mal à une dent
Et vient d'avoir à moto un grave accident.
C'est R.W.F. – ceci est l'acronyme
De Rainer Werner Fassbinder –, toujours sublime
De putréfaction au milieu des beautés :
Il est ici l'empereur des accidentés.
Il veut à présent qu'on lui apporte une coupe
De champagne millésimé tandis qu'il coupe
Ses ongles avec ses dents sales – un dépôt

De très douteux tartre, de la couleur d'un pot
À moutarde, en érode l'émail. Une ablette
Le regarde.

Mistinguett finit sa toilette.
Piaf est ivre morte. Son tout petit veston
Est maculé de vomi. Un fort laid bouton
Vient de pousser sur le nez de Duras. Savate
Trouée, elle assène un énorme coup de patte
À Agatha Christie. Le pantalon crotté,
Truman Capote rit. Assise à son côté,
Parker – Dorothy –, qui s'est servie pour la route
Un triple scotch et dont un mbaraga redoute
L'haleine, explose de rire.

Là, au beau milieu
De cette assemblée on peut reconnaître un dieu :
Son regard anthracite balaye l'espace,
De son chapeau pointu dépasse une tignasse
Formidablement longue ; il possède un menton
Massif agrémenté d'une barbe ; un bâton
Tient dans son poing serré ; son regard est de braise ;
Même ici sa réputation est mauvaise ;
C'est un homme entier, qui ne prend jamais de gants ;
Il fait s'enfuir les snobs, effraie les élégants –
Il est vrai que ce condottière a une haute
Opinion de lui ; très souvent l'on sursaute
Quand on le croise sous les eaux ; il est très fort
Pour mettre les gens très mal à l'aise et l'on sort
Toujours complexé de l'antre sombre où il loge ;
Il travaille nuit et jour et sa vieille horloge

Compte les heures dans le vide ; il fait grand noir
Dans le petit bureau à forme d'entonnoir
Où il remplit ses feuillets, dînant sur le pouce ;
Sur son grand front de penseur un champignon pousse ;
Des bulots sont collés partout sur son imper ;
Je lui serre la main et sa poigne est de fer ;
Il croit que c'est un manuscrit que je lui porte ;
Je lui dis que non et notre rencontre avorte ;
Il exige à présent que je le laisse seul
Et se recouvre aussitôt d'un large linceul ;
J'ai cru voir dans ses yeux envers moi de la haine :
Il envie les vivants qui occupent la scène.
Il n'aime pas les morts non plus, détesté d'eux
Comme il l'est ; j'aurais adoré échanger deux
Mots avec lui, lui demander pourquoi la droite
Et la gauche le conspuent toujours – maladroite,
Sans doute, a été ma démarche car, au fond,
Il ne faut pas chercher à voir tous ceux qui font
Notre admiration : cela les embarrasse,
D'une part, et nous passons pour une paillasse,
D'autre part. Il s'agit de laisser les très grands
Créer en paix. Nous autres, pauvres figurants,
Continuerons à suer sur la page blanche ;
Nous resterons des littérateurs du dimanche.
J'essaie de m'imposer encore un petit peu :
Cette fois, André Suarès – on l'aura peut-
Être reconnu – disparaît par un passage
Secret (il a la démarche d'un petit page).

Nous apercevons alors, chauve et un peu fort –
Et c'est à mes yeux un merveilleux coup du sort –,

Roberto Rossellini sortant d'une embrouille
Avec des producteurs ; il mange une grenouille
À pleines dents. Ingrid Bergman lui sourit mais
Il ne le remarque pas. Il ne l'a jamais
Aimée. Il l'aura séduite avec cette emphase
Romaine ; il avait su, en une seule phrase,
Lui donner l'envie de l'épouser, de partout
Le suivre, et de l'aimer jusqu'à la mort, surtout.
Elle ne sait pas que « Roberto » s'en balance ;
L'idylle provient d'un pari. Un soir d'errance,
Se saoulant avec quelques amis, il prétend
Qu'en quelques mots bien sentis, et en moins de temps
Qu'il n'en faut pour faire une omelette garnie,
Aura lieu – pour rigoler – la cérémonie
De mariage avec l'ingénue au cerveau
Aussi vide et creux que celui d'un petit veau.
« Roberto » se fait un rail, rit et nous invite
À le rejoindre. La cocaïne, j'évite,
Mais, avec toute l'inspiration qui vient,
Je grave un compliment dans la roche. Il retient
Son rire. Il fixe Emmanuelle, qui le trouble.
Il se refait un rail et son rire redouble.
Il est dommage qu'on n'entende pas sa voix,
Ni son accent. Il fixe une nouvelle fois
Emmanuelle, dont je sens qu'elle commence
À se sentir mal à l'aise : il est temps, je pense –
Il n'est point besoin d'un insurmontable effort
Pour saisir que du gouffre nous frôlons le bord –,
Que nous nous éloignions de ce coin.

XLII.

La fin

On s'engonce
Dans un vortex ; je suis griffé par une ronce.
Nous sommes accueillis par un homme de cuir
Vêtu. Il nous agrippe quand nous voulons fuir.
Son corps adipeux remue, se secoue et tremble.
Il nous demande ce que nous faisons ensemble.
Emmanuelle, à la vitesse de l'éclair,
Lui mord le nez. Il fait de grands gestes en l'air.
Elle a parfaitement reconnu Elvis mais reste
De marbre face à ce gros rocker – cette peste
Lui préfère Serkin et Gulda (« Et alors ? »).
Je sens qu'elle meurt d'envie de revoir le dehors.
Nous décidons de mettre fin à l'épopée.
Elle ramasse, rouillée, une vieille épée
Qu'elle gardera en souvenir.

Là, debout,
Face à nous, un inconnu qui nous tend un bout –
Il a le teint blanc et l'allure lamentable,
Et semble droit sorti d'un antique retable –
De papier. Il y est écrit qu'il est en deuil.

Puis, doucement, il se rassied sur un fauteuil
Défoncé. À la surface le ciel est sale ;
Il pleut, vente. Bientôt s'annonce une rafale.

2024.

TABLE

Cet ouvrage a été imprimé sur Roto-Page
par l'Imprimerie Floch à Mayenne en décembre 2024
pour le compte des éditions Grasset
61, rue des Saints-Pères, 75006 Paris
info@grasset.fr

Composition et mise en pages
Nord Compo à Villeneuve-d'Ascq

PAPIER CERTIFIÉ

N° d'édition : 23438 – N° d'impression : 106084
Dépôt légal : février 2025
Imprimé en France